会社を成長させる人事制度のつくり方40の秘訣

松井義治 著

セルバ出版

はじめに

本書にご関心を持っていただきありがとうございます。

グローバルな経済環境の中、毎年、様々な変化が起き、いろいろな要望が社内外から経営や人事に寄せられ、多くの会社で人事的な変革を推進しています。本書は会社の変革や強化改善を人事的な側面から支援・達成したいと感じておられる人事部門の方や部門長やマネージャーの方のために書いたものです。

人事的な変革といえば、制度変革が中心になることが多いので、本書では制度という観点から、実際に成果を出せる、つまり、「社員と組織のパフォーマンスの向上を実現する制度を創るための秘訣を理解し、1つでも2つでも社内で導入・実践し、成果を出す喜びを体験してもらうこと」を目的としています。

私は社会人生活の前半の20余年、4社の米系企業で働きました。最初の10余年はマーケティング部門で、次の10余年は人事部門で貢献しました。最初の2社、マーケティング時代には人事の方と話すことがあまりなかったのですが、採用も育成も業績管理・評価もほぼ部門内で完結するような企業文化でした。つまり、各部門のマネージャーは人事的に何をすればよいのかを理解し、普通に実践していたのです。そうなっていたのは、人事制度もしくみも社内に浸透していたからです。そのしくみと構築方法を2社目P&Gで体験を通して理解できたことは本当に幸運でした。

戦略にしても、制度にしても、成果を出すための秘訣は、「普遍的な成功要因と基本原則」を取り入れることです。細かな建付けではありません。複雑なものも失敗します。

企業文化を強くし、会社の成長を強力に後押しする人事制度とはどのようなものなのか、どのようにつくるのか、どのように導入するのかを理解し、是非その学びを実践しながら、新たな変革を推進していくための一助に本書を活用していただければ幸いです。

変化の時代にこそ、人事の貢献は必須

日本政府の推進してきた働き改革は遅々として進まなかったのですが、コロナ禍によって、ようやく進化を始めました。在宅勤務やテレワーク、ペーパーレス化、ＡＩ（人口知能）やＲＰＡ（ロボティック・プロセス・オートメーション）などを活用したデジタル・トランスフォーメーション（以下、ＤＸと表記）は工場や生産現場、物流だけでなくオフィス・ワークにおいても取り入れられてきています。これにより、多くの企業でデジタルに精通した社員の確保や育成を図っています。

人生１００年時代が叫ばれ、労働時間の適正化とともに、副業や兼業の推進も行われる中、従来とは異なる価値観を持ったミレニアム世代やジェネレーションZ世代の人たちとの共存・協働が進んでいます。また、仕事への価値観も変わり、ベビー・ブーマー（団塊の世代）のように定年まで頑張るモードの方は少なくなり、新卒入社1年以内に転職する人は平均10％もいます。ＦＩＲＥ（経済的自立による早期退職）の道を選ぶ人も増えてきています。

そして、グローバルで推進されているDE&I（ダイバーシティ、エクイティ&インクルージョン）。会社としては、様々な価値観を持った人たちを採用し、いかに協働を図りつつ、業績を伸ばしていくのか、なども重要な課題になっています。

DXの推進で、2030年までに先進国では今ある仕事の4割強はなくなり、デジタル機能やロボットに置きかわることが欧米のフューチャリスト（未来研究家）に予測されています。私たちがAIやロボットと共存し、協働してビジネスを運用していくことになるのはそう遠くのことではありません。

グローバル環境での激しい変化の中で、企業も変革を余儀なくされています。すべての変革は人材の変革をも必要としています。人材の変革を進める責任を持つのは経営者と「人事部」です。企業の変革度合いは人事部の貢献度合いで左右されます。

人事部の変遷～HR1・0からHR3・0へ

思い起こしますと、私が最初に人事と出会ってから人事には様々な変化が起きています。米国での学生時代、MBAの科目で人事（Personnel Administration）を取り、そのときに教授のすすめで、米国人事協会（ASPA：American Society for Personnel Administration、現在のSHRM - Society for Human Resource Managementの前身）に入会しましたが、そのときは名前の通り、採用・トレーニング・人事ポリシー・雇用機会均等・労務など基本的な人事制度の強化と実践が主な活動でした。

一般的に言われる、産業革命以降から続く「HR1・0」の時期です。

1989年にASPAがSHRM（米国人材マネジメント協会）に名前を変え、「人事の専門家」から「戦略的な人材管理」に軸を移して以降、「HR2・0」の時期に入り、戦略的人材マネジメント、人事のスコアカード、社内のダイバーシティ推進、2000年以降はグローバル化とIT化の加速により、社員のエンゲージメント（愛着心）の向上とDE&I（ダイバーシティ、エクイティ&インクルージョン）を加速させる人材マネジメントの強化と推進が起きています。

今は、DXを取り入れた働き方とその実現を推進する「HR3・0」への移行期です。欧米では「HR3・0」の開始し始めた企業も出てきていますが、日本ではこれからDXを加速し、「HR3・0」の実現を図っていくことになります。

制度変革に成功するために

多くの調査研究でわかっていることは「変革の8割は目標を達成できていない」ということです。日本の人事においても、海外に比べると大きな変化は起きていないと感じています。「HR3・0」の話をしましたが、多くの日本企業の人事は、「HR1・0」にとどまっており、戦略的に企業ミッション（任命）の達成の支援を行う「HR2・0」まで至っていないと思います。皆さんの会社ではいかがでしょうか？

社長や経営陣、または部門長から指示された人数を採用し、教育プログラムを提供し、給与規定に沿った給与を提案・運用し、必要な業績管理や評価制度の運用と労務管理を行うということが中心になっている会社をよく見聞きします。会社にとって必要で重要な活動をされていると思います。

しかし、私は会社のミッションを達成するために、人事はもっと大きな貢献が行えると確信しています。この変化の時期に会社の変革達成に貢献するためには、経営視点で今の制度を見直し、組織と人財に関する変革に対して支援する制度の強化を行うことが必要となります。

変革を成功させるには、いくつかの要因がありますが、ここでは3つご紹介します。

⑴ 人事で変革や改善を行うのに、「新たな制度を入れる」ことに焦点が当たっていることがよくあります。ここで起こりがちな問題は、制度を変えることが目的になっていることです。これでは、「制度をつくったが、効果的に運用されない」という結果につながることが多いのです。「仏つくって、魂入れず」ということですが、「社員が使いたい」と感じる制度でなければ、変革につながっていきません。制度が生み出す最終便益に焦点を当てることが重要です。これにはつくる段階での問題と導入・運用する段階での課題がありますが、これは本書で解説いたします。

⑵ シンプルであること。時々見聞きしますが、コンサルタントの方も交えて作成した新たな人事制度が実行アイテムが多く、とても複雑なものなのです。ビジネス戦略でも同じですが、複雑なものはとっつきにくく、理解されにくくて活用されません。

⑶ 変革の成功に大切なことは、変革における成功要因を把握し、それを確実に実行することです。変革と言っても、すべて変えることはありません。その際、「何を続けるのか」、「何を変えるのか」

を明確に特定することができたかで、成功か否かが決まります。

変わること、変わらないこと

人事の重要なカスタマーは社員、そして経営陣です。どちらも人間です。現生人類が約20万年前に出現し、文明ができてから6000年の中で、人間の遺伝子はほぼ変わっていません。人の心理の作用、感情の動き、喜びや悲しみ、希望や恐怖への反応など、不変的なものです。

つまり、社員が喜んで活用し、パフォーマンスを高めるような人事制度を創るために、普遍的な心理学の理論を制度に取り入れることが重要です。また、脳の働きや反応に関する知識の9割以上は2000年以降に明らかになりましたので、脳科学の最新の基本原則を人事の活動に取り入れることも効果的です（本書で紹介します）。

冒頭で紹介しましたように、DXの推進により、会社の戦略は変わっていきますし、それによりオペレーションや業務、働き方も変わっていきます。当然、必要な能力や行動も変わってきます。こうなれば、人事担当者のすべての貢献領域に変化が求められ、採用、人材育成、業績管理、報酬、労務管理から関連する人事制度やポリシーも変わってきます。

日本の制度は欧米だけでなく、オーストラリア、インドやシンガポールにも20年以上遅れていますので、グローバルでの成功要因を理解することは成功への近道の1つです。

常識を見直すことは、私たちの成長とともに会社の成長を実現するために不可欠です。これまでの常識にとらわれていると変革は起こせませんし、起こしても成功できません。ちなみに、昔の教科書には人間の脳細胞は20歳以降増えないと言われていましたが、間違いです。例えば、年齢に関係なく脳細胞は一定の条件で増えるのです。そして脳は一定の条件で成長します。つまり、50歳でも、60歳でも、70歳でも、80歳でも成長し変化できるのです。

本書の活用方法

本書は、激しい変化の経済環境で会社が変革を実現するために、人事が、また、経営陣や各部門やるべきことをご紹介し、読者の皆さんが自社のミッション達成への貢献度合いを高める支援をするためのものです。

どの章からでもお読みいただけますが、各章は前の章の原則に積み上げる形で、大切な原則を紹介していますので、はじめからお読みいただいたほうが学びが深まりやすいと思います。ですので、第1章からお読みいただくことをおすすめします。

また、本書からの気づきを現場で実践していただきたいので、各章の最後に「気づきと学びからの新たな活動と行動」を書くスペースを設けていますので、ご活用いただけましたら幸いです。

第1章は、「人を育てない・やる気にさせない人事制度からの脱却」と題し、人事施策が失敗する要因と成功のための普遍的な基本原則を紹介しながら、人と組織を元気にするための人事のあり方と変革ポイントを見つけてもらいます。

第2章は、「会社を成長させる採用の秘訣」ですが、企業文化を強化するための採用のあり方と実践すべきことを紹介します。

第3章は、「業績に直結する人材開発制度づくりの秘訣」と題し、採用後にどのような活動をすれば、社員が会社の求める社員像に効果的、かつ効率的に近づくのか、その秘訣を紹介します。

第4章は、「成果を高める業績管理と評価制度の秘訣」で、社員のやる気とパフォーマンスを高めるための業績管理の正しい基本理念、とその効果的なプロセスと運用方法をご理解いただきます。

第5章は、「社員をやる気にさせる報酬制度のつくり方の秘訣」ですが、グローバル企業でも活用し始め、成功しているトータル・リワードをご紹介します。

第6章は、「健康経営に繋がる、社員1人ひとりのウェルビーイングを守るしくみをつくる秘訣」として、心理学・脳科学・医学から見た社員の心身の健康と幸福感を高めるポイントを紹介します。

本書が、読者の皆さんの人事プロフェッショナル、また、プロフェッショナル・リーダーとしてのご成長、そして会社のミッション達成への更なる貢献のための一助になることを祈念しています。

2023年6月

松井　義治

会社を成長させる人事制度のつくり方40の秘訣　目次

第3章 業績に直結する人材開発制度づくりの秘訣

第4章　成果を高める業績管理と評価制度の秘訣

第5章　社員をやる気にさせる報酬制度のつくり方の秘訣

第6章　健康経営に繋がる、社員1人ひとりのウェルビーイングを守るしくみをつくる秘訣

第1章
人を育てない・やる気にさせない人事制度からの脱却

【課題】生産性を高めるための企業の課題

外部環境の変化

グローバル環境の中、海外から様々な変化が訪れています。ＩＴ革命と産業のデジタル化、パンデミック、海外の戦争による物資調達の困難、物流の変化、そして働き方の多様化など、日本経済はもちろん私たちの生活にも大きな影響を与えています。

２０２０年に始まったコロナ禍は、日本だけでなく、欧米でも国レベルで国民の不安感とストレスを高めています。そして、歴史が示すように、この経済環境、社会環境、ビジネス環境の変化の波はこれからも繰り返し続きます。

職場環境の変化

日本政府も推進しているＤＸと働き方改革は、グローバル環境の中、海外の企業のグローバル化に後押しされて、更に進んでいくことになります。すべての社員がＡＩを使い、ＡＩと共に働くのはそう遠くはありません。そのためにＩＴ人材の確保や育成に取り組んでいる会社は増加しています。

パンデミックが収束し始め、出勤体制を従来のものに戻す企業もありますが、社員の声を聴いて、在宅勤務やテレワークを引き続き働き方の１つとして採用を続ける会社も少なからずあります。しかし、在宅勤務により、コミュニケーションの不足やコラボレーションの減少に課題を感じる会社も存在します。また、在宅勤務により、働く時間が増えていたり、家族にも影響を与えているという社員の声もよく聞かれます。

日本の真の課題

人事的には、従来からある長い労働時間の改善、ワーク・ライフ・バランスの向上、デジタル化などによる働き方の変化に課題を感じ、制度を含め様々な対策を検討していますが、日本の真の課題は何でしょうか？

調査会社ギャラップのエンゲージメント調査によると、会社や仕事に積極的にエンゲージしている日本の就労者は６％しかいないということです。心から会社や仕事に愛着心をもって仕事に集中できている社員はほんのわずかしかいない、大多数の社員は仕事だからやっている、やらされ感の中で働いていることがわかります（図表１）。

もちろん、会社によって大きな差はあるでしょうし、仕事

〔図表１　エンゲージメントの日米比較（ギャラップ社）〕

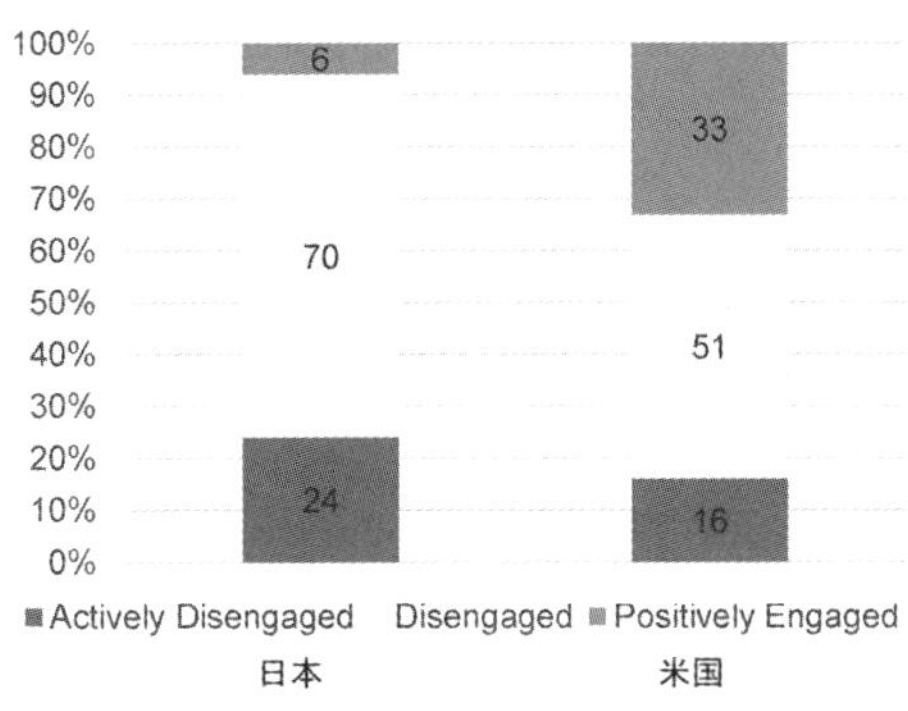

を愛し、日々、真剣に自分のミッション（使命）の達成に取り組んでいる社員が多くいる会社もあるでしょう。ただ、日本全体で見た場合、やる気にさせられていない社員が多く存在しているということです。皆さんの会社の社員の方の愛着心の度合いはいかがでしょうか？

人事制度も社員のやる気に影響を与える大きな要因です。

第1章では、やる気を高めるための基本原則を紹介します。

【秘訣1】数値目標の前に、ミッション志向で考える

明確な目標はゴール達成に重要

計画達成において目標は重要です。目標が具体的で数値化されていれば、その達成のための計画もつくりやすくなります。指標があれば進捗管理ができ、達成率は高まります。

例えば、営業職であれば、単に「ビジネスを伸ばす」ではなく、「A業界の既存顧客の売上をX％、新規顧客の売上をY％伸ばす」のほうが明確なのでわかりやすく、達成率も高まります。

目標が正しくないとよくない行動を生む

目標自体は行動を推進するために大切ですが、その前にその目標が正しいことを検証しなくてはなりません。ある会社で起きたことですが、カスタマーサービスの応対への苦情が問題になってい

ました。問題はカスタマーサービスに電話をした顧客の問題を解決していないのに対話を終了する件数が増えてきたことでした。

なぜこのようなことが起きたのでしょうか？　カスタマーサービスの社員の評価指標が対応時間の短縮と1日に対応する件数の多さに変わったことが原因でした。簡単な質問をしてくる顧客もいれば困難な問題を訴える顧客もいますので、一様に顧客との電話対応時間と1日の対応目標件数を指標として設定されていれば、カスタマーサービスの社員は顧客への適切な対応ができないことも出てくるでしょう。

では、正しい目標設定には何が必要なのでしょうか？

正しい目標を描く秘訣

前職2社目、P＆Gのマーケティング時代、OGSMというビジネス・プランニングのツールがありました。OはObjective（目的）、GはGoal（目標）、SはStrategy（戦略）、MはMeasure（指標）で、この順番に戦略策定を行っていました。

例えば、目的が新規顧客の増加であれば、指標は新規顧客からの売上や占有率であり、目的が既存顧客の深堀であれば、目標は既存顧客からの収益やシェアとなります。目的の明確化により、正しい指標と正しい戦略が導き出されます。逆に、目的が正しくなければ、正しい目標設定もできません。正しい計画もあるべき行動も生まれません。

先ほどのカスタマーサービスを例にとれば、主要目的はお客様の問題解決を助けることです。とすると、主要な指標はお客様が満足する形で問題解決をした件数となります。もちろん解決までの速さもその満足要因に含まれています。どれだけの数のお客様を満足させたかは、1日だけではなく、月間や年間ベースでも指標に置くことができます。

目的や使命が明確になっていれば、期待する成果を実現することがより可能となります。ということで、目標設定の前に、常に目指す目的を明確にすることが不可欠ですが、皆さんの会社の人事部門の目的、または使命とはどのようなものでしょうか？

人事部門の使命とは

人事部門の使命とは何でしょうか？　皆さんの組織ではいかがでしょうか？

人事関連における世界最大の協会で米国に本部を置く、SHRM（Society for Human Resource Management：人材マネジメント協会）が提唱する人事部門の使命は、「会社／組織のゴールを達成するために人的資本（Human Capital）の効果的、かつ、効率的な活用を確実にすること」です。つまり、会社の目的を達成するために、最適な人材を確保し、人材が効果的に、かつ、効率的に活用されている状態を確実につくり出す環境を築くことが人事部門の使命です。

ちなみに、SHRMは「人事プロフェッショナルの価値を高めることを通して、人々と職場に力を与えること」をミッションとしています。毎年開催される年度カンファレンスのテーマは常に彼らのミッションに紐づけされています。私が参加した２０１９年のカンファレンスのテーマは「よりよい職場を創り、よりよい世界にしよう」でした。人事部門の企業使命達成への貢献は、働き甲斐と働きやすさのある環境を創造することです。

私が人事に異動した当時は、「People at Peak（社員が頂点にいる）状態を築く」が人事統括本部の使命でした。すべての社員が心身ともに最高の状態でいられるからこそ、社員１人ひとりがベストなパフォーマンスを発揮でき、仲間と協力し合いながらビジネスと組織を強化し、会社として最高の成果を出せていたと確信しています。

人事部門の使命が会社の使命に結び付いているからこそ、人事部門の活動を通して、社員と組織の強化改善という目標を達成でき、会社の成果向上に貢献することができるのです。

人事のＫＰＩ（重要業績評価指標）

１９９０年代後半、多くのグローバル企業では、売上、コスト、利益などの業績面だけでなく組織の観点からも、企業の経営状況を把握するためのスコアカードをつけ始めました。同時に各部門も各々のスコアカード、今で言うＫＰＩ（重要業績評価指標）をつけるようになりました。

人事部門で担っていたスコアカードは、生産性を見るための「社員1人当たりの売上高、利益」、社員の習熟度合いを見るための「基準能力を満たしている社員の割合」、社員のウェルビーイングを見るための「ポジションごとの給与レンジの範疇にいる社員の割合」、「有給休暇の活用度合い」、「社員のエンゲージメント度合い」、「優秀社員の定着率、または、離職率」、そして組織の健康度合いを見るための「ワークフォース（要員）計画の充足度合い」、「後継者計画の充足度合い」や「組織文化の醸成度合い」などがありました。

これらの基本的な人事のスコアカードは、今でも重要なものですので、人事としてこれらのＫＰＩを採用することをおすすめします。特に、「企業文化」、「社員のエンゲージメント」、「社員能力」は組織の持続的成長を確実に支援するものですので、私は人事にとって最重要な指標と捉えています。それらの結果として「社員１人当たりの収益」を目安として見ることができます。

近年、人的資本経営が叫ばれ、国際標準化機構ＩＳＯ３０４１４により、人事でも11領域で58項目の指標を測定することが求められています。11の領域とは、コンプライアンスと倫理、コスト、ダイバーシティ、リーダーシップ、企業文化、企業の健康・安全・福祉、生産性、採用・異動・離職、スキルと能力、後継者育成計画、労働力確保です。どれも重要な項目ですし、指標を置くのは達成への王道ですので、導入するか否かは別として吟味するのはよいことです。

検討される中でご留意してほしいことが３つあります。

１つ目は、会社のミッションにどのように紐づけられるのかを確認することです。やみくもに測るのではなく、まずは戦略的一貫性と目的の明確化です。

２つ目は、それを図るのに最適な指標を特定することです。問うべき質問は、それを測定するとどのように目的達成につながるのか、です。

３つ目の留意点は、優先順位づけと取捨選択です。

日本企業では必要以上に多くのことを測定する傾向がよく見られますが、アクションを取れる項目に焦点を当てて測定することをおすすめします。

人事部門の使命は、「会社／組織のゴールを達成するために、最適人材を確保し、人材の効果的、且つ、効率的な活用を確実にすること」ですので、どのようなＫＰＩが必要でしょうか？

最低限必要なＫＰＩは次のものがあります。

・会社の使命や戦略を納得している社員の割合
・企業文化を体現している社員の割合
・使命達成に必要な能力を備えている社員の割合
・社員のエンゲージメントの度合い
・効率的に業務遂行ができる環境の度合い

〔図表２　補足情報：ミッション・ビジョン・バリュー・パーパスの意味〕

多くの欧米企業では経営理念として、ミッション、ビジョン、バリューなどを謳っています。ここで少し各々の定義づけを紹介します。

・ミッション：組織の使命、または、社会的な「存在意義」を示すものです。
・ビジョン：組織がミッションを達成することにより実現できる「ありたい将来像」です。
・バリュー：組織が大切にする、また、すべてのメンバーが重視することを期待する価値観です。

パーパス（目的）をミッションの代わりに使う企業もあります。さらに、近年、ミッションに加えてパーパスを提示する組織もありますが、そういった組織では、パーパスを目的として、ミッションをパーパスを実現するための達成項目としています。事例として、前述の世界最大の人材マネジメント協会、ＳＨＲＭの経営理念をご紹介します。

・私たちのパーパス（目的）は、人事の専門性を高めることです。
・私たちのミッションは、人事慣行の推進と人々の可能性を最大化により、人々と職場に力を与えることです。
・私たちのビジョンは、すべての人のためになる働く世界を構築することです。

【秘訣2】計画ではなく、戦略を基盤とする：戦略的人事と4つの視点

人事で時々見られる状況

採用、教育、給与、労務、メディカルなど各チームが基本的な方針や戦略もなく、バラバラに活動している人事組織を見受けることが時々あります。このような組織では、チーム間の連携や連帯感が薄く、コラボレーションができていないために、相乗効果が出せていないといった状況が見られます。これでは情報共有だけでなくコミュニケーションをも不足し、信頼関係も強くないという状況にもつながります。

また戦略がない中、変化の激しい状況で、毎年いろいろなテーマが出てきて新たな人事プロジェクトが展開されるという現象も時々見られるケースです。大きな流れで何が起きているのかを社員もよくわからないだけでなく、人事の担当者も大局が見えていない状況だと少々大変です。じっくりと長期的な作戦を考える暇もなく、毎年、いろいろなプロジェクトを回すことに追われ、疲労困憊の人事担当者が増えてくることになります。

人事戦略が確立されていなくて、人事内の様々なチームが個人商店的に年度計画を回している状況ですと、人事部門の仕事の効率は次第に落ちてきて、担当者の疲労度が高まり、モチベーションが低下し、パフォーマンスもきちんと出せない状態に陥るという傾向が出てきがちです。

戦略とは

戦略とはどのようなものでしょうか？　戦略とは、目的を達成するための施策です。戦術は短期的で月間・四半期・年間などのスパン（期間）で機能するものですが、戦略は3～5年など長期的に有効なものです。

当然、期間の長さは業界によって異なり、医薬品のように開発自体に数年かかる業界は10年以上の期間もあり、ＩＴのように短期間で大きく技術革新でマーケットが変化する業界は2～3年と短いこともあります。

また、戦術は局所的で、例えばある地域や領域に限定されますが、戦略は包括的で、日本全体、またはグローバル規模で考えられ、有効なものとなります。

基本的なビジネス戦略としては、アップルのようなイノベーションで新市場を開拓するタイプに対して、ウォールマートのように最大限の効率化とカスタマー・エクスペリエンスを提供するタイプに大きく2分されることがよくあります。

もちろん、イノベーションとオペレーションの中間で差別化を図る戦略をとる会社もよく見られます。

戦略的人事とは

人事戦略は企業のビジネス戦略の達成を支援するためのものですので、ビジネス戦略を人と組織の面から支援する戦略となります。

本来、企業戦略とはビジネス戦略と組織戦略から成り立つものです。新たな戦略や新たな変革が失敗する基本的な原因の1つとして、そこに組織戦略が不在なことがあります。新たなビジネス戦略を展開して、運用するには、組織構造やプロセスの変革が必要となり、新たなプロセスを回すには、多くの場合、新たな能力が必要となります。新たなプロセスやしくみと人の能力を実現するのが組織戦略、つまり人事組織戦略です。

ちなみに、私自身もP&G台湾での人事部長時代に会社や事業部の戦略策定ミーティングの支援をしていました。最初の1日〜1・5日はビジネス戦略の策定を、そして残りの半日〜1日は人事・組織戦略をつくるためのミーティングのファシリテーションを行っていました。

例えば、前述のアップルのようなイノベーション戦略をとる会社の人事においては、イノベーションを生み出すためのプロセスとしくみ、全社的にイノベーションを推進できる人材づくりを行える人事戦略（人事組織戦略）が必要になります。

また、卓越したオペレーション戦略を基軸とする会社においては、カスタマー・エクスペリエンスを高めるための顧客視点やユーザー視点のオペレーションのプロセスやしくみ、そしてそれを開発・運用できる人材を育成・開発する人事組織戦略が必要となるでしょう。戦略的人事は、経営戦略やビジネス戦略の遂行を人材と組織の側面から支援するものですので、戦略実行に必要な人材の育成と組織力の強化を確実に行っているのです。

戦略的人事は人事の各機能をつなぐ

会社の使命を達成するための企業戦略の実現を支援をするための人事の戦略が明確になれば、人事部門内の各機能チームの活動も明確になります。とともに、各々のチームがどのように連携し、協業するのかも明確になりますので、人事部門のチーム間のコミュニケーションもコラボレーションも高まり、相乗効果が出せるのです。

例えば、１９９０年代中盤からＰ＆Ｇでは「社員がベストな状態にある高業績組織づくり」を基本的な人事戦略としていましたので、その達成のために各人事チームは一貫性のある指標のもとで基本活動を連係して行っていました。

採用チームとの連携で、教育チームは採用された社員のオンボーディングプログラムを着実に継ぎ目なく実行、教育チームは組織開発チームと連携で、必要な能力開発プログラムを提供、組織開発チームは制度

〔図表３　企業戦略達成の支援する人事戦略〕

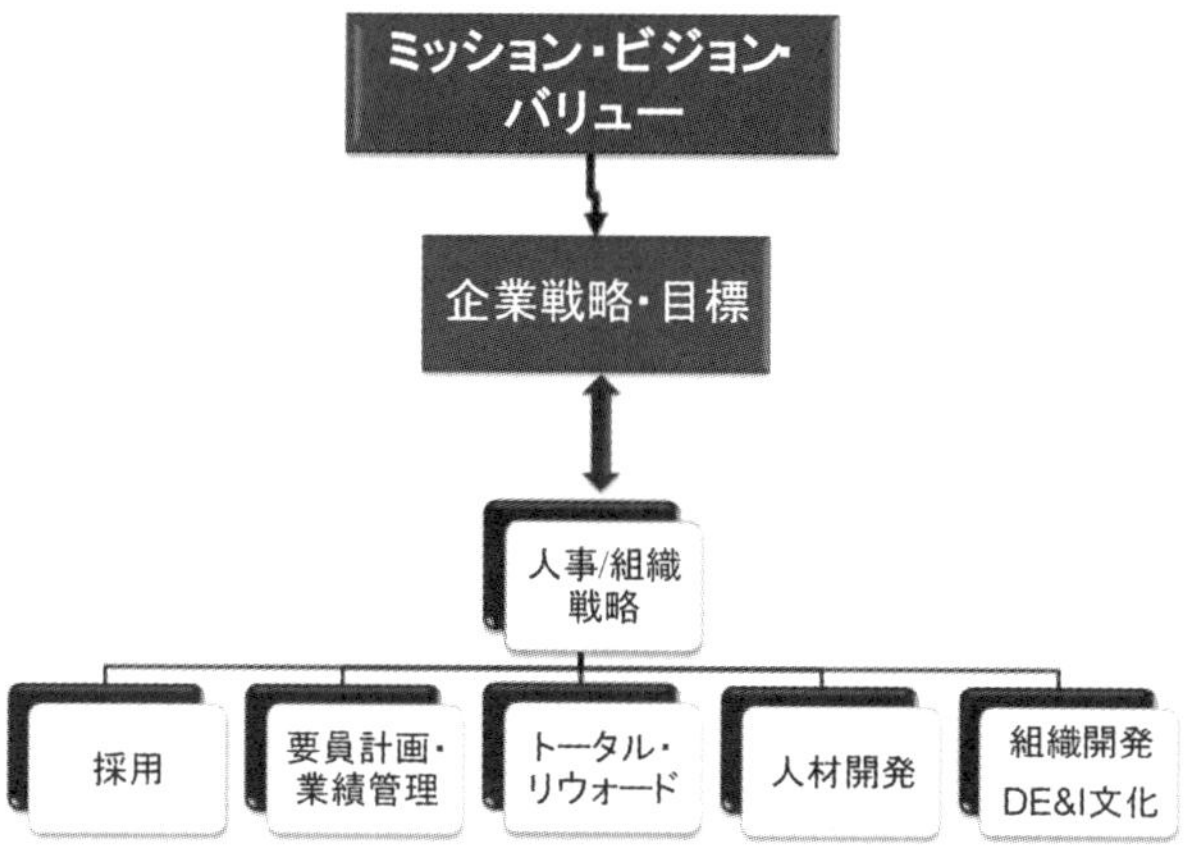

チームと連携で、5年後のありたい姿に向けた目指すべき企業文化の強化プログラムを展開していました。

戦略的人事を行うには、前述の使命の明確化と、ビジネス戦略を実行するために必要な人事組織的な強化変革ポイントを明確にし、その実現のための作戦を練ることです。当然、練られた人事組織戦略は経営陣や事業部と整合性を取るために、すり合わせを行うことが必要です。

戦略的人事の4つの視点

1996年に出されたミシガン大学のウルリッチ博士の「Human Resource Champion（邦題：MBAの人材戦略）」は当時、多くの欧米企業の人事部門の役割を見直すきっかけをつくりました。彼はその後、数々の人事戦略に関するコンセプトやモデルを提案していますが、私にとっては彼が当時提唱した「人事部門の4つの視点」が一番インパクトがあり、かつ、今でも人事担当者が理解し、実践しなくてはならない基本的なコンセプトとアプローチだと思います。

ウルリッチ教授が、「MBAの人材戦略」で紹介した戦略的で包括的な人事のあり方として、横軸には「人」VS「しくみ/プロセス」、縦軸には「長期的戦略」VS「日常管理」を置き、これら4つの観点から顧客ニーズを理解し、ニーズを満たすために組織の改革と強化を行うというものです。

4つのブロックの左上には、効果的な人事戦略が欲しいというニーズに対し、戦略的な人事管理を行う「戦略的パートナー」としての視点が不可欠、右上には組織内の変革をスムーズに行って欲しいというニーズを満たすための「変革エージェント」の視点、右下には社員の能力を高めたいというニーズを満たすための「エンプロイー・チャンピオン（社員貢献度の向上）」の視点、左下には、制度を効率よく運用できるしくみが欲しいというニーズを満たすための「管理のエキスパート」という視点で必要な活動を考え、実行しなくてはならない、と説いています（図表４参照）。

「戦略的パートナー」としては、企業戦略を実行できるように将来に向けた人事・組織戦略を開発し、実行しなくてはなりません。戦略的パートナーとして行うことは、経営陣や部門長と定期的に対話し、彼らのビジネス戦略を達成するために必要な組織と人事の側面からの能力開発や組織開発などの計画を提案、実行します。また、経営や事業部、担当部門内で解決しづらい人に関する課題に対し、コンサルテーションも行います。

「変革エージェント」としては新しいビジョンや企業価値、行動などを組織にスムーズに浸透させる活動が必要です。「エンプロイー・チャンピオン」という視点では、従業員のニーズを的確に理解し、彼らに必要な能力と貢献度合いを高める活動を行うこ

〔図表４　人事部門の４つの視点／活動〕

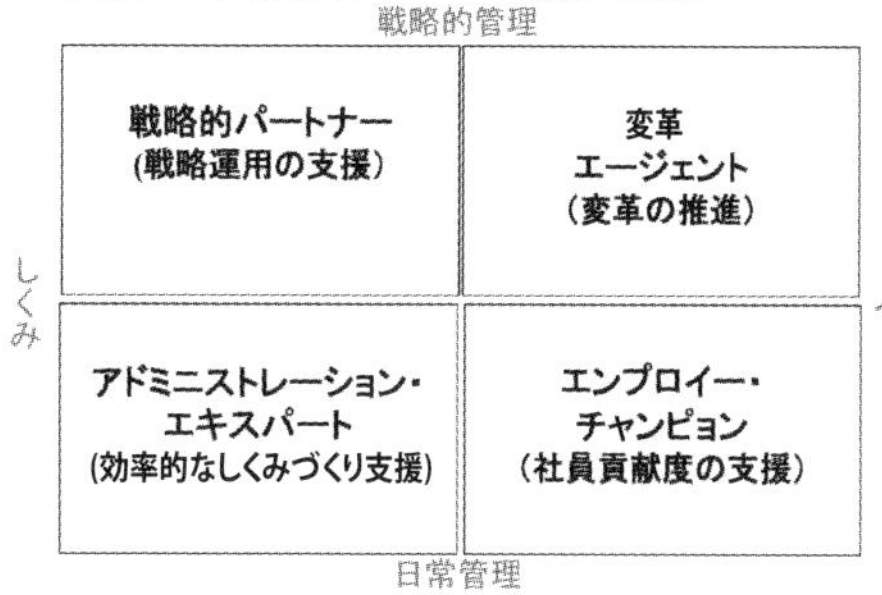

(D. Ulrich教授)

とが重要です。そして、「管理のエキスパート」としては人事のプロとして、効率よく効果的に人事制度やプログラムがスムーズに運用されるように運用のしくみやプロセスの改善と変革が大切です。

彼が当時行った調査によれば、8割以上の人事担当者の労力は「管理のエキスパートとして人事制度の構築」という現状の制度やしくみやプロセスの管理や改善に使われており、残念ながら、「戦略的パートナー」や「変革エージェント」としての働きはあまり行われていなかったようです。

人事の各機能チームは4つすべての視点で戦略と戦術を考えることが重要です。戦略パートナーとして会社や事業部の戦略の実行に必要な自チームで行うべき戦略とは何かを考えます。エンプロイー・チャンピオンとして、社員の現状とこれから起きるニーズと対策を考えます。変革エージェントとして、その対策の実行に必要な変革をスムーズに行うための計画を考え、実行しなくてはなりません。管理のエキスパートとして、新たな制度やプログラムが効率よく運用されるように、AIやロボティクスなどの活用によりユーザーに負担のないインフラづくりを行い、提供します。

【秘訣3】対症療法ではなく、根本原因に対処する

対症療法の問題

「熱が出た、解熱剤を飲んだ、一時治まったが、翌日また熱が出てきた」ということはよくある

ことではないでしょうか？「鼻水が出た、風邪薬を服んだ、全然治らなかった」ということもあることではないでしょうか？

人事的には、例えば、「社員のモチベーションが下がっている」、「人事制度に不満を感じている社員が多い」などの状況の場合、社員の不満を減らし、モチベーションを高めるために、「給与を一律底上げした」が、モチベーションの向上にはあまりつながらず、エンゲージメントもパフォーマンスも上がらないままだったという会社は少なからずあります。

対症療法とは、問題となる症状を緩和するために行う療法です。対症療法を行うと、運がよければ一時的に効果はあるかもしれませんが、後で再び問題が起きてきます。対症療法は問題を一時的に軽減し、気持ちを少し楽にするのには有効ですが、急場の一時しのぎですので、効果を持続できないのが問題です。

結果として、問題が再発し、引き続き対策を考え、実行しなくてはならず、労力はずっと続く中にあって期待する成果が出せないままでいることにつながります。成果を出せない状況を維持していること自体、人事としても役割を果たせていないという責任を感じ、また、不安感と絶望感も増すことでしょう。

対症療法にならないために：問題解決の基本

急場しのぎの対症療法では問題解決ができません。すべての問題には問題をひき起こす根本的な原因があります。冒頭で挙げた「鼻水が出た」という症状にはそれを引き起こした原因があります。風邪、鼻炎、花粉症、ハウスダスト、またインフルエンザやウイルスが原因かもしれません。原因がわからず、対症療法的にがむしゃらになって薬を服用しても、一時的に治まったように見えるかもしれませんが、再び症状が出ます。

今ある問題を解決するには、トータル・クオリティ・マネジメント（TQM／品質管理）の基本原則、「問題の根本原因の除去」が不可欠です。問題の根本原因を除かなければ、同じ問題は再発し続けます。例えば、社員のモチベーションが下がった原因が給与（給与制度や給与）でなければ、給与を上げても、社員のモチベーションやエンゲージメントを高めることはできません。

効果的な対策作成を妨げる要因

大半の日本企業の方は、「問題解決の基本は、問題の原因を取り除くこと」であると理解されていると思います。ではなぜ時として効果的な問題解決策ができないのでしょうか？

その原因は大きく３つあります。１つ目は「問題と対策に対する偏見」、２つ目は「根本原因にたどり着くまで問題を掘り下げないこと」、そして、３つ目は「狭い範囲で問題を把握すること」です。

１つ目の問題と対策に関する偏見は、脳科学的にも人間一般に見られることです。先に挙げた、「熱が出たら風邪、風邪には風邪薬」というのは少し短絡的かもしれません。でも、私たちは過去の体験から、ある事象が起きると「ああ、この原因はXXXで、これにはYYYが有効だ」と直感的に感じ、それを実行するということがよくあります。所謂、偏見からくる問題解決の失策です。実際、「社員の不満の一番大きな理由は給与だ。だから、モチベーションが全体的に下がっているときには給与を上げよう」ということも昔よくあった偏見です。

問題の2つ目の「原因を掘り下げない」ですが、これは、品質管理の基本、「問題が起きればなぜを5回聞いて、問題の根本原因を特定する」ということが日常習慣的に行われている製造現場ではあまり起きないものです。ところが、経験、勘、度胸（KKD）で仕事を進める文化を持っているホワイトカラーの職場で時々見られることです（実際、日本人は欧米人に比べ、詳細な分析をせずに、感覚的に判断する傾向が強いことがこれまでの学術調査と研究でわかっているのです）。

問題の3つ目、「包括的に、幅広く問題を調査しない」というのも、前述2つ目の問題と近いのですが、これは日本でも欧米でも、ミスの多い人によく見られる「自分の範囲だけで問題を見る」、関連部署や外部環境の事象やそこからの影響を把握しようとしないという「近視眼的思考」です。

このような問題は皆さんの組織では見られませんか？　このような問題を軽減するためには何を行っていますか？

根本原因の特定を阻害する要因を軽減するためには

「問題と対策に対する偏見」、「根本原因にたどり着くまで問題を掘り下げないこと」、そして、「狭い範囲で問題を把握すること」などの人的阻害要因を除くためには、問題を包括的に把握するしくみ、すなわち、より客観的な組織診断や社員調査などを実施することです。経験からくる直感では問題の把握や根本原因の特定、ましてや効果的な問題解決策をつくることは困難です。人の偏見や思い込みを最大限に取り除くような調査を行うことが不可欠です。

この数十年で様々な調査が企業内で行われるようになりました。90年代に流行った「従業員満足度調査」、「メンタルヘルス」、また2000年以降に広まった「エンゲージメント・サーベイ」、近年始まった「ストレスチェック」などいろいろな調査が行われていますが、各々に長所と短所があります。

組織の現状を把握し、経営課題を見つけるための調査やアセスメント（診断のための調査）をより効果的にするには何が必要なのでしょうか？

効果的な組織診断の要因

組織診断の目的は、組織の強みと弱みを的確に理解し、会社のビジョンや目標の達成に必要となる今後の改善点・強化点を明確にすることです。診断（アセスメント）が効果的であるために不可欠な要因が3つあります。

1つ目の成功要因は「包括的である」ことです。組織全体を診断できるようにビジョン達成に関わる要因を包括的に見ることが必要です。私たちの年次の健康診断でも体の数か所ではなく、身長、体重、体脂肪から肺、胃腸、内臓、心臓、血液、脳など体全体の状態や機能を調べます。全身を調べることができなければ、正しく健康診断ができませんので、病気の早期発見や予防は困難なものとなります。

組織の使命達成や業績に影響を与えている要素を組織診断で調べる軸の例として、日本経営品質賞では、「ビジョン」、「リーダーシップ」、「戦略実行のための業務プロセス」、「社員能力強化のしくみ」、「組織の成果（業績、社員能力と満足度、顧客満足度）」などがあります。社員の満足度合いやエンゲージメント度合いは組織内の様々な要因の出来不出来の結果として起きている状態です。よくない状態を引き起こした原因となる組織内の要因の強みと弱みを包括的に測ることができなければ的確に組織の診断はできません。

例えば、エンゲージメントが落ちているが、調査している要素が制度や給与、研修などだけだと、それ以外のエンゲージメントに影響を与える組織要素のよし悪しが把握できないので、効果的な対策を決めることが困難になり、局所的な対策を行ってしまう原因になります。ということで、組織診断で組織の問題を発見するには、会社のパフォーマンスに影響を与える組織要素を包括的に見ることが組織診断の1つ目の成功要因です。

2つ目の成功要因は、見つかったいろいろな問題の中から根本原因を特定することです。包括的に組織の要素を調べることによって各々の要素の強みと課題が浮き彫りにされますが、次に重要なことは、様々な要素の中でどの要素が真の問題に直結している根本原因かを特定することです。根本原因を特定できなければ、やみくもにいろいろな対策を打ち出すことになります。

社員満足度を高めるために、原因究明することなく、給与制度や人事制度の修正を行う企業がありますが、多くの場合、制度改正は長期的に社員の不満の改善にはなっていません。本当に給与や人事制度自体が問題であればよいのですが、実際は、それらは表面的な問題で、根深い問題はそれ以外にあることがよくあります。

前述の問題解決の基本でお話ししました「問題の根本原因を特定する」ことが、問題を効果的に取り除くための王道です。ビジョン達成や組織力強化に重要な要素は何か、その要素を改善できる、または、その要素に悪影響を与えている諸悪の根源はどの要素なのかを的確に把握できてこそ、組織として最優先で強化改善すべきポイントを把握することができるのです。そのためには要素間の相関関係を把握できるしくみが必要となります。

3つ目の成功要因は、リサーチの基本ですが、「客観的で、わかりやすく、アクショナブルな質問表」です。例えば、悪い回答が出にくくなるように作為的な質問や誘導尋問することは、偏見のかかった回答を生み、客観的な診断を妨げますのでアウトです。悪い回答の出そうな内容は聞かず、よい反応が出そうなことだけ聞くのもアウトです。アクショナブルとはアクションにつながるということですが、アクションにつなげることのない内容の質問は回答者の不満につながりますので、避けるべきでしょう。

例えば、「あなたは給与にどの程度満足していますか?」という質問です。このような質問をされると答える方はどのような期待をするのでしょうか？「満足していない」という回答をする社員が多ければ、給与を上げてくれるのではないか、と期待するかもしれません。

この質問の結果で給与を変えるのなら別ですが、給与に対する認識を把握したいのであれば、「同業で同じ仕事をされている方と比べあなたの給与をどのように感じますか？」という質問でもよいでしょう。

効果的な組織診断の例

会社の使命を達成するための私どもで行っている組織診断では、企業のビジョンの浸透度合い、戦略策定と展開、業務プロセス、情報共有とコミュニケーション、社員と組織の能力強化のしくみ、制度、企業文化、マネージャーの効果性、エンゲージメント、などを測定しています。

エンゲージメント度合いや制度などの一面だけでな

〔図表5　組織診断の10の軸〕

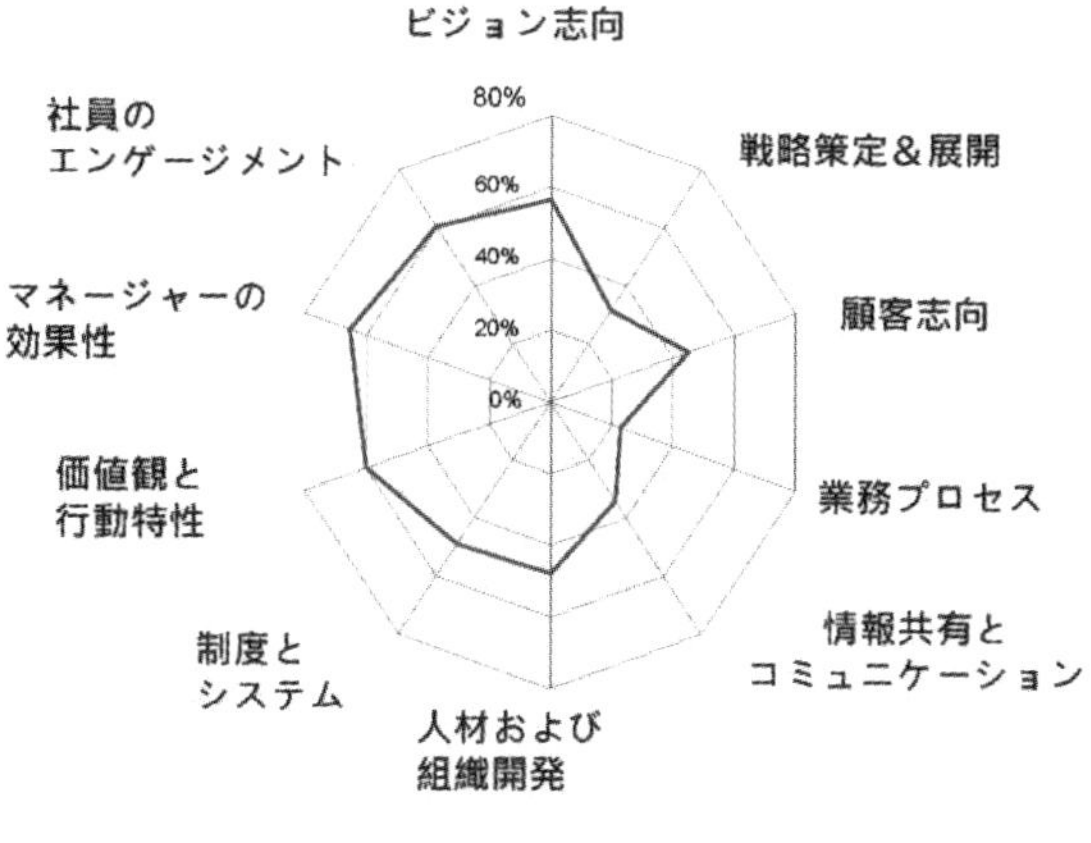

く、ビジネス成果に影響を与える組織デザインにおける主要因と組織文化を包括的に診断しますので、組織全体の強みと改善点を包括的に理解できますので、組織目標・ビジネス成果への影響度合いの強い要素や問題となる要素を特定できます。そして、それらの要素を強化するためや組織的な問題の根本原因を特定できるので、確実にビジネスと組織能力の向上に直結する具体的な組織能力強化策ができます。人の健康診断と同じく、組織アセスメントは、組織を包括的に診断する必要があります。

また、全社のデータの他に、部門ごと、職務レベルごと、年齢層ごと、男女ごと、などのデータをもとにそれらの属性間の差異を把握し、改善ニーズの高いものの特定も行います。課題のある属性が特定されましたら、その属性のグループに対する強化策もつくることができます。

組織診断を成功させるために

組織診断はたいへん重要ですが、あくまでビジョン達成のための手段です。目的ではありません。診断は組織力強化の重要な第一歩で、ここからが重要です。組織診断を着実に組織力と業績の強化につなげるために大切なことが3つあるのでご紹介します。

1つ目の成功のポイントは、診断を行ったら遅くとも3週間以内に結果を全員に発表することです。遅いところは4～5週間もかかって結果を発表していますが、これでは診断に参加した社員も何を聞かれてどう答えたのかも覚えていないでしょう。スピードは推進力をつくりますので重要です。しかし、遅くても発表するだけましで、中には社員にレポートを公表していないという不思議な会社もあるようです。これでは、そのうち、社員も本気で調査に参加しなくなることでしょう。

２つ目の成功のポイントは、診断結果に基づいた、会社としての全社的に取り組むこととその目的を社員に伝えることです。当然これは経営陣もレポートの内容と示唆することを理解し、経営の立場から全社的に取り組むことを合意した証です。上層部のコミットは組織の強化変革には不可欠ですし、経営陣に対する社員の認識も高まります。

３つ目の成功のポイントは、社員を巻き込んで、組織力の強化のための活動を計画し、実行することです。一部のチームだけで行うよりも、すべての部署から強化変革活動に何らかの形で参加してもらうことが重要です。社員は参画することによってオーナーシップを高め、着実に計画を実施し、達成します。

【秘訣４】イベントではなく、プロセスで考える

イベント的な人事活動とその課題とは

多くの会社で社員研修を行っていますので、社員研修を例にとってイベント的な活動をご紹介します。営業研修の開催を担当した研修チームのＡさんは、毎年定期的に行っている営業研修の講師

と日程の確認をし、会場を押さえ、営業研修の案内をターゲットとなる社員に送り、参加者の確認をします。会場に教材と必要備品を整え、講師より研修を実施してもらいます。研修の最後に参加者にアンケートを回答をもらい、集計をして研修を無事完了します。

Aさんの研修担当者としての活動をどのように評価しますか？　前記の研修で研修参加者の能力が高まり、現場で営業成績が向上していれば、問題はありませんが、実際は参加者の行動は研修後も変わっていなくて現場でのパフォーマンスは伸びていませんでした。何が問題なのでしょうか？

研修とはあくまで成長のための第一歩であり、スタート地点ですので、ここで終わればパフォーマンスはほぼ変わりません。Aさんは研修をイベントとして捉え、その実施のみに焦点を当てているからです。イベント的アプローチは多くの場合、成果に結びつかないのです。

研修をパフォーマンスの向上と業績強化のためのプロセスの一部として捉え、結果につながるフロー策をつくって実施していれば成果につながったことでしょう。

プロセス志向の意義

第二次大戦後、多くのものを失った日本によりよい商品づくりができるように「品質管理技法」を日本企業に伝授した米国のデミング博士の大切な原則の1つに「失敗の85％は人の問題ではなく、しくみとプロセスの問題からくる」という言葉があります（余談ですが、彼の日本の経営者と技術者に対する品質管理手法の伝授活動の努力はその後の日本製品の飛躍的品質改善と売上拡大に多大な貢献をし、「Japan As Number One」という本が米国で出されたほどでした)。

つまり、欠陥製品ができるのは、つくった人の問題よりも、つくるプロセスやしくみに問題があるということです。正しい製品、または、目指す成果を出すようなプロセスにすれば、欠陥製品を出すことなく確実に成果につながります。

効果的なプロセスが確立されていると、誰が実施しても継続的に目標達成ができるのです。一握りのスーパーマンに頼らなくても期待する成果を出せるのは素晴らしいことですし、人による成果のばらつきもなければ社内外の顧客からの信頼も高まります。

プロセス志向の人事プログラムにするとは

プロセス志向で活動を行えば、着実に成果が実現できます。そのためにはまず期待する成果を明確にすること、そして、その成果を達成させるために必要な活動を抽出し、それらの活動を効率的に実行するようなプロセスに仕上げます。

例えば、先ほどの営業研修を例にとりましょう。基本的に研修の目

〔図表６　成果を出す「プロセスとしての研修」の流れ〕

研修前	➡	研修中	➡	研修後
―　学習内容理解		―　内容の学習		―　学びを司に報告
―　学習目標設定		―　スキル演習		―　計画を実施
―　上司と合意		―　実践計画作成		―　上司と振り返り

的は参加者の能力向上と現場でのパフォーマンスの向上です。行動変容を起こす要因は参加者本人の行動変容と期待する成果への納得感ですが、それには上司との研修への参加目的と参加後の期待値のすり合わせがたいへん重要であり、必要条件です。ですから、研修参加前に参加目的と参加後に現場で実行・達成すべきことをつくってもらうステップが事前準備として必要です。

研修の中で参加者に必要な能力を理解し、演習してもらった後、参加者は自身の学びと現場での具体的な活用内容を上司に報告し、実施することになります。具体的に何をどのように実施し、どのような成果を実現したのかを上司と確認してもらうことにより、ようやく研修の成果を現場で確認できるようになります。

イベント的に研修を開催しても、現場での成果につながることはあまりありません。是非、プロセス志向でプログラムを考え、実施し、着実に成果につなげてみてください。

プロセス志向の活動を人事内で拡げると

プロセス志向で活動をすると、より着実に期待する成果が出ます。更に、年間で計画・実行・評価・強化というPDCAをきちんと回すことにより、毎年活動の成果が高まります。このプロセス志向の活動を人事内の関連チームと連携することにより、人事部門の機能チーム間で相乗効果を生むことができます。

例えば、すばらしい採用活動で正しく会社説明をし、適材適所の採用を行った後、教育チームが彼らの強みを伸ばしつつ、かつ、会社で期待するマインドと行動を強化するための導入教育を行う、その後、各部門やライン・マネージャーと協働して、中堅社員としての、また、マネージャーとしての能力を高めるための一連のプログラムを提供すれば、社員は毎年、着実に会社の期待する社員像、マネージャー像に近づき、期待する組織へと成長していきます。

皆さんの組織では採用、育成、開発、業績管理、要員計画、後継者育成などがどの程度一連のプロセスとして運用されていますでしょうか？

エンプロイー・エクスペリエンス（社員体験）を人事プロセスで考える

直接関連する機能チームだけでなく、人事部門全体でプロセス志向を取り入れるとどのようなことができるでしょうか？

一般的に多くの会社では、採用シーズンになれば採用活動を行います。採用後には新入社員研修を行います。年度中は必要に応じて社員研修を行います。年度末近くになれば、評価面談開催の準備に入り、実行を推進します。この時期に要員計画や後継者開発計画を見直すことも行うでしょう。評価面談が終わり、査定が決まれば、査定に合わせた次年度の給与が決まり、通達と導入に移ります。社員のローテーションを行っている会社では、先の要員計画で確認した異動を定期的に通達し、実行するでしょう。また、退職した方に対する活動もあります。

これらの活動を人事の使命を達成するために有機的につなげることで、より素晴らしいエンプロイー・エクスペリエンス（社員体験）を生み出すことができます。すべての社員が人事、または人事的な活動とのタッチポイントを十分満足できるもの、付加価値を感じられるものにすることにより、社員も自社で働くことに対する安心感やロイヤリティーを醸成することができます。入社前の採用活動から、能力開発、キャリア開発、昇進、異動から退職まで、様々な局面で人事部門の卓越したサービスや成果を体験できれば愛社精神は確実に高まります。

第2章以降で様々な人事の活動における強化変革の要をご紹介しますので、各々のタッチポイントでエンプロイー・エクスペリエンスをいかによりよいものにするかを考えていただければと思います。

【秘訣5】規則ではなく、原則を軸にする

規則の重要性

「大人なんだから分別があるので規則やルールは要らないだろう」という人もたまにいますが、いかがでしょうか？　電車に乗ったり、レストランで食事をしたりするときに、我が子が騒いでいても放っている親、大きな声で話す人たちを目にすることはありませんか？　常識は人によって異なり、みんなが同じ程度、躾けをされ、良識をわきまえているわけではないことを感じることはありませんか。みんなが快適に過ごせるようにするには、残念ながらルールはある程度必要です。

国に法律があるように、学校にも会社にも規則があります。通常規則はメンバーを守るためのも

のと組織を守るためのものがあり、社員10名以上の組織には就業規則を置くことは労働基準法で決められています。就業規則は社員も会社もお互い権利を守り、義務を果たしながら、組織の使命を達成するためのものです。規律正しく使命達成を推進するという意味で規則は重要です。

また、働きやすく、生産性の高い職場環境にするための規則やルールは意義あるものです。例えば、工場内の建物で目にする廊下や階段に記してある右側通行の標識や矢印は、前からくる人とぶつからずにスムーズに歩くために有益ですね。規則やルールはその通りにすればよいので、不要に考える手間を省き生産性を高めるというメリットもあるかもしれません。

規則の課題

有益な規則はよいのですが、どのような課題があるのでしょうか。業界や職種にも影響されますが、組織が大きくなれば規則は増えていく傾向があります。そもそも規則はある一定の環境でつくられたものですので、環境が変われば、多くの場合、規則も変わる、または追加されていきます。また、例外的な状況に対して、より複雑な規則がつくられます。法の目をくぐって起きた犯罪に対し、新たな法律を追加するようなものです。

規則が多すぎる組織にはいろいろな課題があります。ここでは３つご紹介します。

１つ目の課題は、規則に頼りすぎるようになることです。これはマネージャーに時々見られることですが、部下が規則を犯したときに、「規則に書いている。規則を守れ」で済ましてしまうこと。

本来なら、なぜそれがよくないのか、その本質と守ることの意義を話すべきところを規則を盾にとって、ことを済ませる安易な社員を増やす傾向にあるからです。マネージャーであれ、先輩社員であれ、なぜその規則が重要なのかを相手にわかるように的確に説明しなくてはなりません。

２つ目の規則やルールの多い組織の課題は、考えない社員をつくることです。例えば、職務記述書にあることしかしない、たとえ仲間が困っていても、または、顧客が困っていても、その状況を理解しようとせず、記述されていることしかしない人です。これは長期的に組織のパフォーマンスを下げていきます。

また、考えないことは時としてコストアップにつながることもあります。例えば、出張の際の食費ですが、夕食は１，０００円までとなっていると、あまり考えずに１，０００円の料理を注文されるケースです。安くてコストパフォーマンスの高いメニューを選ぶこともできるのですが、いかがでしょうか？

３つ目の課題は、禁止タイプの規則のネガティブな影響です。「～しないこと」という規則は皆さんの組織ではどれくらいありますか？　「～しないこと」という言葉を目にする人や聞く人への影響を研究調査した結果、「Ｎｏ」という言葉は私たちを憂鬱にするということが判明しています。

余談ですが、私の以前住んでいた街の有名な公園では毎時間、「公園で犬を放さないでください、鳩に餌をあげないでください、釣りをしないでください…」というスピーカーからのアナウンスが流れていましたが、そのたびに暗い気持ちになったのを思い出します。

原則とは

規則は従来、一定の行動をとらせるために、私たちの行動に規制を加えるものです。そして、規則やルールは限定的で断定的なものです。それに対し、原則はあるべき姿や行動、基本的なあり方を示すもので、より汎用性があります。例えば、「人に暴力を振るわない」というのは限定的なルールです。これに対し、「自分が相手にしてほしいように相手に接しましょう」という汎用性のあるものが原則です。

2つの文章は全く異なっていますが、原則の例文でも、ルールの例文で言明している行動をとることを示唆してあり、かつ、より幅広い汎用性があります。身体的な暴力だけでなく、暴言やハラスメント、差別なども起こさないことだけでなく、相手にとってプラスになるような接し方をとることも意味しています。

なお、原則の多くは前向きや中立的な表現になっています。ポジティブな表現は人の意識をより前向きにし、やりたい気持ちを高めるためにも重要です。

原則は自ら考える社員を創る

ルールや規則は限定的ですので社員はあまり考える必要はありませんが、原則は基本的なあり方を示しているだけですので、汎用性があるとともに、社員に考えることを要求します。

ある会社の原則で「会社と個人の利害は不可分です」というものがあります。これは、オーナーシップを持って、正しいことを正しく行えば、個人にとっても会社にとっても成長につながる、ということを意味しています。

先に挙げた出張中の食事ですが、オーナーシップを持った会社の1オーナーとして考えれば、旅費規程上限の値段でホテルや食事を決めるのではなく、リーズナブルな（適度な）値段でコストパフォーマンスの高いものを選ぶことになります。

あるべき姿に照らし合わせて、正しく考え、正しく行動する社員を増やすには、原則は効果的です。自ら考え、適正な行動をとり、期待する成果を実現していく社員を増やすことにつながっていきます。

真実の瞬間はその人の人間性を顕わにするものですが、原則は岐路に立ったときの判断軸となります。会社が健全に成長していくために皆さんの組織で必要な原則はどのようなものでしょうか？

原則でありたい企業文化を醸成する

欧米企業では、多くの場合、その組織の価値観から組織の原則をつくっています。会社の目的や使命と同様に重要なのは、企業文化の源となる会社の価値観です。その価値観をより具体的な行動レベルまで落とし込んだのが、組織の原則です。

例えば、ある会社では、「Trust（信頼）」という価値観がありますが、それからつくられた原則は、「我々はすべての個人を尊重する」です。すべての個人を尊重するのであれば、ハラスメントは起きにくいでしょうし、差別行為もできにくくなるでしょう。

企業理念にある組織の価値観を基に原則をつくり、組織内に浸透させれば、会社の目指す企業文化は築かれていきます。

ただし、原則も増やしすぎれば複雑になりますので、基本的には会社の価値観の浸透、また、目指す企業文化の醸成に直結するものに焦点を当てて、絞り込んだものをつくることをおすすめします。

原則はシンプルでわかりやすいことが重要です。複雑で長いものではなく、また、１つの行動の身に焦点を当てることが重要です。規則ではなく、原則を基に、自ら考え、正しいことを正しく行う自走集団を創ってみませんか？

第1章のまとめ

秘訣１．数値目標の前に、ミッション志向で考える
秘訣２．計画ではなく、戦略を基盤とする：戦略的人事と４つの視点
秘訣３．対症療法ではなく、根本原因に対処する
秘訣４．イベントではなく、プロセスで考える
秘訣５．規則ではなく、原則を軸にする

振り返り：本章ではどのような気づきや発見があったのでしょうか？　気づきや学びから、どのような新たな活動や行動がとれるでしょうか？

第2章

会社を成長させる採用の秘訣

【秘訣6】採用の出発点、ＫＰＩを明確にする

リクルーティングは組織文化を醸成する

Ｐ＆Ｇは１９７２年の日本進出以降ずっと中途採用を行っていましたが、私の記憶では１９８５年から新卒採用に移行したと思います。中途採用のみのころはいろいろなタイプの専門家が集結してばらつきのある雰囲気が感じられましたが、新卒採用が始まってから、もちろん年齢の若返りもあり、社内の雰囲気により一体感が感じられ、Ｐ＆Ｇらしい企業文化も強化されたと思います。

この変化は中途採用の課題を示すものではなく、新卒採用から始まった新たな採用方法の有効性を示すものです。企業文化をより強くするための採用の指標を明確化、そして、戦略と手法における大きな変革の賜物ですし、その当時の諸先輩の会社をもっとよくしたいという思いと志が実を結んだものだと確信しています。

採用の出発点は明確なミッションと指標です。

採用ミスは人事的最大のミス

人事的最大のミスは、採用ミスです。採用の重要さは重々理解されていると思いますが、採用ミ

スの問題はいかがでしょうか？　一般的に採用ミスによる離職のコストはその人の年収の１～２倍と言われています。目に見える採用コストに加え、採用に関わった人の時間、導入研修の費用、担当マネージャーの時間、その人の業務上のパフォーマンスの問題をフォローする時間等々が含まれます。ヘッドハンターなどを使っていればさらに高いコストになります。

採用ミスは双方の問題となります。採用した側は、会社や仕事に適さない人を採ったということで、期待する仕事をしてもらえない、または、期待する行動をとってもらえなく、チームの生産性も下がる、という問題を抱えます。

採用された側は、社風が自分に合わない、仕事が自分に向かない、などの理由で失望感に苛まれ、憂鬱になります。更に、周りからいろいろ指摘されたり、お荷物扱いにされたりで、居場所がなくなり、鬱になることもあります。これは後々のその人の人生にもよくない影響を与える可能性が高く、前述のコスト以上に重大なことでしょう。

採用ミスを起こす原因の１つが目標や指標の欠如、または、不明確さです。

目標が明確でないと成果がばらつく

ルイス・キャロルの著書、「不思議の国のアリス」で道に迷って岐路で立ち止まったアリスはそこにいた猫に「どっちに行けばいいの？」と尋ねます。猫が「どこに行きたいのかね？」と尋ねると、アリスは「わからない」と答えます。猫は「じゃあ、どっちに行ってもどこかにたどり着くよ」

と答えるシーンがあります。

目標が明確でないと、戦略もアプローチも立てられません。戦略がなければ、募集や採用の告知も一般的なものになり、応募者を惹きつけるものになっていないかもしれません。また、戦略がなければ、プロセスが最適なものになっていないかもしれません。そして、目標が明確でなければ採用インタビューにおいても採用される方の資質にバラツキが出ます。また、指標がなければ、採用活動の評価ができず、次年度に向けた強化改善策も考えられず、欲しい人材が効率よく採用できないことになります。

よくある採用の指標

少人数で人事をまわしているところは、採用の目標や指標があまりきちんと定まっていないことがあります。よくある目標は「募集人数をできるだけ短期間ですべて埋める」です。ですので、用いる指標は、「募集に対して採用できた割合」、「採用にかかった費用」、「採用にかかった時間」などです。

採用チームの体制が整っているところは、採用における指標を定めていることが多く、前記に加えて、「応募フォームの完了率」、「採用あたりの応募者数」、「内定者数」、「内定辞退率」、「採用マネージャーの満足度」、「初年度の退職者率」なども指標に置いています。

募集人数を確保できた割合とコストやスピードなどの効率性を指標としていることがよく見られる傾向です。量やスピード、コストに視点が行き過ぎると、採用ミスを起こす可能性があります。

採用ミスを起こさないためにも、「量」の前に「質」を重視しましょう。採用ミスは、会社にとっても、採用された人にとっても、本当に不幸な結末に陥る可能性があるからです。

リクルーティングの使命

「目標の前に目的」ということで、まず、採用の使命／ミッションを考えましょう。もちろんよい人材を必要な人数だけ採用することです。数よりも質が重要です。いくら募集している枠をすべて埋めるだけの人数を採用できても、会社に合わない人を採っては問題です。

例えば、大雑把な性格の方が品質保証の会社に入るとか、人への奉仕精神がない人がホテルなどのサービス業に就くとかは社員にとっても、会社にとっても不幸になりやすいでしょう。

では、よい人材とはどのような人材を指しているのでしょうか？　最近は少なくなってきているようですが、以前は、「明るく元気のよい人」、「素直な人」、「周りと協力できる人」などの回答がよく聞かれていましたが、皆さんの会社では、どのような人材がよい人材なのでしょうか？

会社にとってよい人材とは、会社と職務にベストフィットな人材です。もう少しかみ砕いて言うと、「企業理念に共感し、会社で重要とされる価値観を共有し、期待される能力を発揮できる人」がベストフィット人材です。企業理念に共感できるので、会社へのエンゲージメントが高まり、長期に貢献してくれるでしょう。価値観を共有できているので、仲間とコラボレーションができ、相乗効果を生めるのです。期待されている能力を発揮できるので、よいパフォーマンスを出せるのです。

例えば、サービス業であれば、人に奉仕したい人材、エンターテインメント業であれば、人を楽しませたいマインドと行動を持っている人材を採用することは基本です。ですので、長期に、または一定の期間、仲間と協働し、期待する成果を発揮し続けることのできる人を採用することが、最重要な採用のミッションです。

その次に来るのが、スピードと効率性です。設定された納期までに、採用部署に期待される人物を人数分、送り届けることが重要です。そのためにかけるコストと労力も重要です。

リクルーティングのＫＰＩ

指標にはアウトプット指標とインプロセス指標があります。アウトプット指標というのは最終的に求められる成果を指します。例えば、どのような人材を何人、いつまでに、というのがアウトプット指標です。インプロセス指標とは、アウトプットするまでに通る過程やマイルストーンにおける指標で、例えば、募集をかけた際の応募人数などです。インプロセス指標を把握することで、アウトプットを予見でき、必要に応じて、適時に計画の強化修正が行えます。

最重要なリクルーティングの使命からくる採用の質面のアウトプット指標は３つあります。

まず、採用目標に対し、会社と職務とのベストフィットな人材を採用した割合、または採用数です。これはまずは設定した採用基準をクリアしたかどうかを採用した時点で確認できます。

次に、入社後ある程度時間が経ってから、採用マネージャーや上長から採用者の職場での行動とパフォーマンスの評価をしてもらいます。採用プロセスでの判定がそのまま現場で証明できればよいのですが、そうでないケースも多々ありますので、これも欠かせない指標です。

そして、初年度、または、半年以内に離職していないことを確認するのも重要です。アウトプット指標をまとめますと、次のとおりです。

・採用基準をクリアした人の割合
・採用マネージャーの満足度
・半年以内の離職率
・採用コスト（総コスト、１人当たりの採用コスト）
・採用スピード（何週間）

インプロセス指標は増やせばドンドン増えていきますが、もし、現在インプロセス指標を置いていないのであれば、まずは最低限の指標からチェックを開始することをおすすめします。最低限のインプロセス指標は、次のものです。

・募集あたりの応募者数
・応募した人の中でスクリーニングを通過した人の数
・最終面接へ通す会社の期待値を満たす人の数

・最終面接をクリアして内定された方の人数
・内定者の辞退率

【秘訣7】ありたい人材像を明確にする

採用基準の基盤はあるべき人材像

皆さんの会社の採用基準はどのようなものでしょうか？　また、どのようにそれを決められたのでしょうか？

採用ミスが起こるのは採用基準が明確になっていないことが起因していることが多々あります。明るく元気な人、頭が切れる人、コミュニケーションがよい人、など、具体的な行動に落とし込まれていない、大雑把な採用基準では、採用者の定義づけにバラツキがあり、主観が入りやすいので、選ばれた人もバラついてしまいます。

例えば、「コミュニケーションがよい」と言われても、話す能力が高い人を選ぶ人もいれば、きちんと相手の話を聞く人を選ぶ人、また、すぐ合意する人を選ぶ人も出てくる可能性があります。ですので、誰が考えてもズレない、ブレないような行動レベルに落とした採用基準を設定することが重要です。採用基準は会社のありたい人材像から考えることが重要です。ありたい人材像から考えられた採用基準で新たに入る人を選べば、目指す企業文化に着実に近づいていきます。

営業やマーケティングで戦略を考える際に、最重要顧客のアバターを明確にするという作業を行います。リクルーティングにおいてもこれと同様に、我が社のありたい、またはあるべき人材像を明確にするという作業は重要です。ありたい理想的な社員像を行動レベルで表現することで明確にし、それを基に採用基準をつくるのです。ありたい人材像が明確になれば、ありたい組織文化を築くことのできる採用基準ができます。

スキルよりも姿勢・志向が大切

あるべき人材像を考えるときに、経験やスキルを先に考える方がいらっしゃいます。特に、即戦力を期待する中途採用を中心に行っている会社の方に多いのですが、これには落とし穴があります。経験やスキルを基本にして採ると、応募されている方の価値観や価値観からくる習慣や行動特性を見落としがちになります。

脳科学で言う、「意識しているものが見える」の裏返しで「意識していないものは見えない」ことからくる落とし穴で、採用ミスにつながるケースがよく起きています。

もちろん、法務で弁護士の資格、財務でＣＰＡ、ＩＴでオラクルなどで提供する資格などが必要な際は判断基準として含めるのですが、それがありたい人材像のメインポイントとなっていては、最適な採用は困難かもしれません。

人間の学習曲線は思っているよりも早く、多くのスキルは最初の1年でかなり上達します。ところが、価値観や考え方、志向などはなかなか変わりません。日本では、「三つ子の魂百まで」と言われますが、欧米の脳科学では、4歳くらいまでにパーソナリティの8割程度が決まると報告されています。これは親からの遺伝子と幼少時の体験からくるもので身体に染みついているものだからです。ちなみに、パーソナリティは脳から出される化学物質の出方によって決まりますので、努力でやすやす変わるものではありません。

つまり、スキルは教育で変わりますが、マインドや姿勢は後から変えようとしても、かなりの時間と労力を要します。教育するほうにも労力がかかりますが、受けるほうもかなりの負荷が感じられ、結果、途中で断念し、離職するケースはよくあるのです（「人の能力を支えるもの」の図表7で内側に行くほど後から変えることが困難になります）。

価値観、考え方や志向、即ち、どういう状況でどういう行動をとるのか、とらないのか、それは会社のありたい人材像とどのようにマッチするのかで合否を決めるほうが、スキルや経験ベースで採用するよりも適材適所に繋がります。価値観や志向が組織文化や業務に合っている社員は求めている行動を早く身につけ、パフォーマンスを着実に高めることができます。

〔図表7　人の能力を支えるもの〕

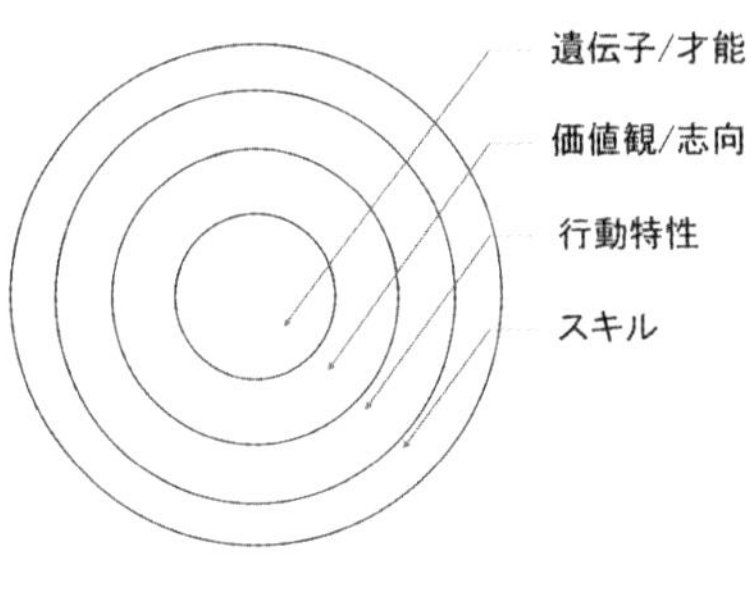

ありたい人材像の要

ありたい人材像は理想とする企業文化とフィットし、共に企業文化を維持・強化していける人の像です。一部の部門のためのものではなく、全社に共通のものです。

ですので、ありたい人材像は採用のときにのみ使われるものではありません。入社後の能力強化に関しても、また、昇進の基準としても活用されるべきものです。

多くの優良グローバル企業では、国に関わらず、同じ基準を用いて、採用し、育成し、昇進を決めているのです。同じ基準を採用することにより、継続的に、また、一貫性をもって社員の成長を支援し、促進できます。また、採用も育成も昇進も同じ基準を用いているので、マネージャーになって初めてリーダーシップ能力や対人スキルを強化するということがないのです。

更に、全社、また、全世界同じ基準ですので、部門間異動や海外赴任も比較的容易になってきます。

ありたい人材像の起点は経営理念

ありたい人材像を考える際は、まず原点に立ち返って自社の経営理念を確認しましょう。会社の目的やミッション（社会への貢献や存在意義）、達成したいビジョンを共に実現してくれる人はどのような人でしょうか？　ありたい人物像をイメージしてください。

その人はこれまでの人生の中で、どのようなことを達成してきた人であり、どのようなことを実現している人なのでしょうか？

例えば、ミッションに「卓越した商品とサービスで、世界の人々に～な貢献をする」とあった場合、どのような人をイメージしますか？　何か人のためになることをしてきた人をイメージしませんか？　平凡なことでは満足できず、卓越性を追求し、周りの人があまりやっていない非凡なことに挑戦し、実現している人を思い浮かべませんか？

また、「世界中の人々を楽しませ、情報を提供し、インスパイヤーする」ということが会社のミッションであればいかがでしょうか？　周りを楽しませ、感激させ、やる気を高めてくれる人をイメージするのではないでしょうか？

ありたい人材像、そのとおりの人は滅多にいないかもしれませんが、理想の姿をイメージを持つことは採用担当者のイメージが鮮明になり、また、採用担当者間のブレも少なくし、適材適所の採用につながります。

ありたい人材像を行動レベルに落とし込む

ありたい人材像のイメージが明確になれば、次は、経営理念に掲げる重要な会社の価値観や、価値観を行動レベルに落とした組織の原則を確認してみてください。どのような価値基準の基にどのような特徴的な行動をとる人でしょうか？　どのような強みや能力を兼ね備えた人物でしょうか？

例えば、組織の価値観に「リーダーシップ」、「イノベーション」、「信頼」があるとしたら、どのような強みとなる行動や能力を期待するのでしょうか　イノベーションということですので、新しいことを考え、実行することができる人、リーダーシップということから、周りを巻き込んで何か事を起こせる人や、信頼ということから相手を尊重し、相手とよい関係を築きながら協働できる人を思い浮かべるのではないでしょうか？

ありたい姿、期待する人材像が行動レベルに落とし込まれていると、採用インタビューの際、より客観的に応募者が自社の企業文化と期待されることができるのかを判断できるようになります。そして、面接者間の基準のズレが軽減され、結果として、内定者間のバラツキも極力減らすことができるのです。

ジョブ・プロファイルをつくる

職種別採用、また、中途採用をするときに、職務ごとのジョブ・プロファイルをつくることが重要です。ジョブ・プロファイルには特定の職務で期待されるアカウンタビリティ（結果責任）、職務要件、求められる姿勢と行動特性が明記されます。ジョブ・プロファイルは職務記述書としても活用できます。

ジョブ・プロファイルが明確であれば、採用担当者やインタビューをする方にも、合否の判断が容易になります。営業マネージャーのジョブ・プロファイルの例を紹介していますので、参考にしてください。

〔図表８　ジョブ・プロファイルの例〕

ジョブ・プロファイルの例

ポジション：ディストリクト営業マネージャー

職務概要：担当地域における営業業績及び営業力の強化に責任を持つ。営業戦略を策定し、営業組織を強化し、営業計画を実行し、目標を達成する。重点項目は、営業プロセスの変革、既存顧客との関係とビジネス構築、新規顧客の開拓、社内顧客との関係強化

レポーティング：VP セールスにレポート。直属の部下は６〜10 名。

職務要件：この職務への応募者の主要な職務要件事項は、営業マネージャー経験８年以上あり、かつ、B2B におけるビジネス構築を継続的に達成、また 30 名以上の営業組織をリードしてきたこと。継続的に目標を達成しながら売上と利益率を伸張し、販売予測及び予算管理をし、営業チームの効果と効率を強化していること。医薬・医療用機器業界の経験が望ましいが、絶対要件ではない。学位保有者。

アカウンタビリティ：

・担当地域の売り上げと利益の伸張

・営業戦略の変革による顧客満足度と顧客ベースの伸張

・営業チーム組織変革により生産性の向上

・営業人材の教育、並びにチーム力強化

志向と行動特性：

・強い結果志向で、目標達成のために、新たな機会を見つけ、革新的、かつ戦略的計画を徹底して実行する。

・マネジメントチーム及び社内顧客と効果的に協働し、確固たる信頼関係を築き、建設的な影響を与える。

・冷静に優先順位を付け、常に期限以内に目標を達成する。

・様々な要因、情報、アイデアを客観的に分析し、判断し、問題解決を行う。

・様々な関連他部署に対しリーダーシップを発揮し、動機付け、結果を出す。

【秘訣８】現在の採用の強みと課題を把握する

測ることの意義

採用のミッションとありたい姿、採用の軸が明確になったので、即、採用の戦略を考える、といきたいところですが、戦略策定のプロセスにもあるように、戦略策定の前に、分析が必要です。分析を行うことによって現在の採用方法の強みと課題が判明し、さらに効果的に採用を行うための戦略を練ることができます。

品質管理の基本原則の１つに「測られることは達成される」というものがあります。測定する、測定されることのメリットは、人に意識づけをすることになります。以前、体重を測ることでダイエットを成功させることがちょっとしたブームになりましたが、これも同じ原則が働いています。体重に意識を置く、食べるものや運動などに気を付ける、習慣が変わる、変化が見える、動機づけされて更に行動が強化されることになります。

つまり、測ることによって、戦略をつくる際だけでなく、それを実行する際にでも意識を正しい方向に持っていけるので、戦略も正しく実行されやすくなるのです。

皆さんの組織の採用戦略とはどのようなものでしょうか？　そして、現在、または、これまでの採用活動はどのような成果を出しているのでしょうか？

最適人材の割合

内定された方の何%の方が採用判断軸をすべてクリアしたのでしょうか？　そして、最終的に本採用された方で採用判断軸をすべてクリアした方の割合は何%でしょうか？

どの判断軸が常にクリアされているのでしょうか？　その理由、または、成功要因はどのようなことでしょうか？　そして、それらの成功要因はどのように横展開ができるのでしょうか？

どの判断軸があまりクリアされていないのでしょうか？　その原因にはどのようなことがあるのでしょうか？　それらの原因を除去するために、今後どのような改善が必要になるのでしょうか？

配属先のマネージャーの評価

新規採用者を配属先に送った後は、配属先のマネージャーからフィードバックをもらうことが大切です。彼らのフィードバックは今後の採用活動の強化改善に活用できます。

配属された先の上司は新入社員に対しどのような評価をされているのでしょうか？　彼らの感じる新規社員の強みは何でしょうか？　逆に、課題や気にかかるポイントはどのようなことがあるのでしょうか？　課題解消のために採用活動で何を改善できるでしょうか？

配属1週間後に、最初の1週間で感じたことをフィードバックしてもらうことで、より早く、課題発見や機会発見につながり、今後の対策を記憶が新しいうちに考えることができます。

また、配属1か月後も上司からフィードバックをもらい、人事としてできることがあるかどうかを確認します。

そして、６か月、また、１年後に再度、最終確認のためのフィードバックを配置先の上司からもらうことも、今後の人事としての強化改善点を確認するためには有効です。

エンプロイー・エクスペリエンス

配属１週間後に、新規社員に最初の１週間で感じたことをフィードバックしてもらうことで、より早く、課題発見や機会発見につながります。人事として彼らの懸念に適時に応え、また、今後の対応策も考えることができます。

また、配属１か月後、働き始めて最初の１か月間の感想を新規社員からフィードバックしてもらいます。新規社員からフィードバックをもらうことにより、入社前、また、入社後に聞いた職場環境や業務は実際に体験できているのか、懸念事項は何か、などを聞くことにより、リクルーティングの際に説明する内容や事例で今後修正すべきものを確認できます。

そして、６か月。また、１年後に再度、最終確認のためのフィードバックを新規社員からもらうことも、今後の人事としての強化点を確認するためには有効です。

採用コスト

採用コストには社内コストと社外コストがあります。社外コストは、外部の採用エージェンシーやプログラムにかかった費用です。

社内コストは、人事部門内で採用に関わった社員、そして、各部門で採用に携わった社員のコスト（時間給換算）です。

また、採用活動に活用したインフラがあれば、それも加わります。

上記の社外コストと社内コストを採用した人数で割れば、採用者1人あたりに使った費用を計算できます。総費用も重要ですが、効率性を見るために、採用者1人あたりの費用を定期的に取ることにより、採用活動の効率性を把握でき、今後の改善につなげることができます。

採用プロセスの効率性

採用活動をリストアップし、活動ごとに使った時間や期間、コスト、成果などを確認します。各々の活動にどれくらいの人・もの・金を投資しているのかを確認することにより、各々の活動の費用対効果を把握でき、今後の活動の強化改善につなげることができます。

例えば、以下のようなことが確認できます。

・募集広告：いくらかかったか、何日間で、何人集まったか。そのうち何割がスクリーニングで残ったか。
・会社説明会：いくらかかったか、何日間で、何人次のステップに進む人が選べたか。
・面接：いくらかかったか、何日間で、何人最終ステップに進む人が選べたか。

【秘訣9】自組織に適した採用戦略を実現する

採用を戦略的に考える

採用には基本的に2つのパターンがあります。専門能力を既に持っていて即戦力のある人を採用するか、あるいは専門能力はないが資質の高い人を採用し、教育するかです（ここでは、経営陣レベルやプロの採用に関しては敢えて触れません）。

前者の場合、即戦力を持っているので、入社後、導入教育もあまりなく、即業務につき、成果を出すことを求められます。後者の場合は、入社後、導入教育があり、基礎力と専門能力を身につけながら貢献領域を増やしていきます。

どちらにするかは、企業の持つタレント・マネジメントの理念と人材戦略次第です。ベンチャーで立ち上げたばかり、または数年の企業では基本的に中途採用が主体となるかもしれませんが、創立して10年も経てば新卒採用を取り入れることはできます。そうなってくると、新卒採用の割合をどの程度まで増やしていくのか、中途・新卒の最適バランスも採用戦略の1つとなります。

経営陣が卓越していれば、中途採用のみで強固な企業文化を築くことは可能ですが、そうでなければ、かなり困難です。これは大多数の方は最初の会社で仕事の捉え方と働き方のパターンを身につけ、多くの場合、それを維持し続けるからです。

ありたい姿の人はどこにいるのか

戦略的な2つの質問とは、まず、どの市場／顧客を対象とするのか、そして、どのように勝ち取るのかです。採用に置き換えて言えば、欲しい人材はどこにいるのか、どのように彼らをゲットするのかです。

戦略は選択と集中が基本です。採用におけるターゲット・マーケットの絞り込みも同様です。また、予算と資源には限りがあり、すべてのマーケットにリーチすることは予算的にも困難ですので、その意味でも絞り込みは大切です。ここでは社内公募ではなく、社外からの採用に関してお話しします。

皆さんの組織のありたい社員像の方はどこにいるのでしょうか？　新卒採用であればどのような学校、または、どのような特徴を持つ学校なのでしょうか？　専門性を持つ方を中途採用したい、または、ヘッドハントしたいのであれば、どのような業界のどのような特徴を持つ会社にいる人なのでしょうか？

また、会社や学校というくくりではなく、ありたい人材像の方はどのようなネットワークに属しているかということを調べることも欠かせません。ほとんどの業界では業界関連の協会があります。また、ネット社会の現在はＳＮＳでどのソーシャル・ネットワークにアカウントを持っている確率が高いのかを知るのもたいへん重要です。

地域的にはいかがでしょうか？　日本国内であれば、それはエリアにいるのでしょうか？　海外であれば、どの国、また、どのような特徴を持つ地域でしょうか？　90年代は欧米、特に、欧米の大学を卒業した日本人をターゲットにしていることがよくありました。今、欧米では、インドにいる学生や就労層にターゲットを与えているところも増えています。

再度触れますが、中途採用であっても、企業理念や企業文化を共有できる人はどこにいる可能性が高いのかを先に把握してください。専門能力はその次です。専門性が高くても、一匹狼で回りと協働できない方は多くの場合組織の生産性を落とします。

採用マーケットのマッピング

自社のありたい人物像の方が多くいそうなところが把握できましたら、それをもとに採用マーケットの地図を描きます。自社の採用したい人の多いところを地図にマークをし、優先順位があれば優先順位、そして可能であればそこの母集団の数も記載しておきます。

各々のマーケットでピンポイントのターゲット採用人数があるのであれば、それも記載しておいて、採用活動の進捗状況の把握に使えます。

マッピングをすることで、ターゲット・マーケット（就活者）への意識が高まりますし、取りこぼしもなくなります。地図にしなくてもリストアップをするだけでも効果的です。

もしリクルーティング会社を使っているのであれば、彼らにマッピングやリストアップをお願いすればよいと思います。

ターゲット人材の就活行動を把握する

孫氏の兵法ではありませんが、相手のことを理解するのは重要です。マーケティングでは、ターゲット顧客の慣習を知る、例えば、洗剤を買うのであればどのような理由、または、基準で選ぶのか、商品にどのようなイメージを持っているのか、毎回の洗濯の慣習はどのようなものなのか、どのような頻度で購入するのか、などを洗剤担当のマーケターは調査で把握しています。

採用も同じで、理想とするターゲット人材はどのように就職先を決めるのかを把握しておくのは効率よく、また、効果的にリーチするためには大切な情報です。例えば、就職先を探すときにどのような手段、または、メディアで探しているのか、いつ頃始めるのか、何社くらい応募するのか、どのように最終決断をするのか、などの傾向を理解しておくことです。

ネットの時代ですので、ほとんどの学生は就職の際、就職サイトを活用しています。会社説明会はジョブ・フェアに参加して就職先を理解することも当然されていますが、これは全国規模で行われないので数は限られています。

転職組の方も同様に、基本的に転職サイトを活用しています。既に専門能力を持っているので紹介エージェント経由の方も少なからずいます。

ターゲット・マーケット（就活者）へのリーチ方法を決める

就職サイト、エージェント、ダイレクト・リクルーティング、合同説明会、リファーラル、自社での会社説明会、またはアウトソースという基本的なオプションがありますが、多くの場合、いくつかの組み合わせで行っています。

入社した人への調査で「もともとその会社を知っていた」という人は2割未満ですので外部機関を活用するのは有効でしょう。但し、就職サイトではリーチが広く、知名度をつくるにはよいかもしれませんが、その分期待する人材がいる確率は低くなり、期待する人から応募されないことも増えます。

・知名度の高い企業であれば、エージェントを使って母集団を集め、会社説明会を行い、より自社に合った人を見つけることは多いでしょう。
・知名度がそれほど高くなければ、ダイレクト・リクルーティングやエージェントを活用して、自社により適した人材にリーチするは効果的です。
・複数の企業が参加できる合同説明会は立地が適し、また、他の参加企業が自社と近しい企業文化を持っていればより効果的に活用できるものです。
・海外の日本人留学生をターゲットとしているのであれば海外のジョブ・フェアに参加するのもおすすめです。
・中途採用の場合、リファーラル形式で自社のできる社員からできる友人を推薦してもらい、エージェントを使ってその人にリーチすることも、会社と親和性の高い人を見つけるにはたいへん有効です。

・採用に全く時間を割けないのであれば、採用をアウトソースすることもオプションです。アウトソースするにも、欲しい人材像を明確にしておくことは不可欠です。

自社のエンプロイヤー・ブランディングを行う

採用活動は、企業広告の一端であり、エンプロイヤー・ブランディングにおける重要な活動です。自社に最適な人材と採るとともに、自社の素晴らしい点、魅力をターゲットとする人たちに訴える役割を果たしています。だから、採用における戦略的なメッセージは重要なのです。「来たれ、明るく元気な若者！」ではダメなのです。

マーケティングの基本原則の1つ、「ブランディングのできる卓越した広告のみ放映する」です。TV広告を制作しても、評価基準をクリアできないと放映しません。

会社のブランディング、エンプロイヤー・ブランディングを行えるターゲット層へのメッセージは絶対に必要です。

自社のミッションやビジョン、価値観などが反映され、ターゲット人材にとって魅力的なことが含まれていれば大丈夫です。自社が期待することを明確にすることも重要ですが、ターゲット人材が期待していること、ワクワク要因が入っていなくては、彼らはあまり興味を示さないことでしょう。

ある米国企業のエンプロイヤー・ブランディングの一節を紹介しますと、「将来を創る支援を求む。

自分らしく、世界に貢献してほしい。最先端のテクノロジーを使ってエキサイティングなプロジェクトを通して。自分が働きたい場所から。。。」（仕事内容がわかる部分は割愛していますが）これを目にした人はどのように感じるでしょう。この会社で働いたときのイメージも膨らませるのではないでしょうか？

エンプロイヤー・ブランディングを活用する

エンプロイヤー・ブランディングは就職サイトでの告知だけではありません。会社案内に載せるだけでももったいないのです。もっと重要なのは自社のホームページの採用のサイトに載せることです。就職サイトなどを見て会社に興味を持った人は必ずその会社のホームページを訪れます。採用のサイトが魅力的であれば、「この会社で働きたい！」と感じてくるでしょう。ジェネレーションZやミレニアム世代の多くは、単に業績向上だけでなく、顧客や社会への貢献に焦点を置いている企業に惹かれます。ホームページに企業理念をしっかり掲載しましょう。

自社の採用のサイトには社員の声を載せましょう。文字やデザインよりも人間は人間に、イラストよりも生の人間に目が奪われます。実際の社員のエンプロイー・エクスペリエンスを掲載することは見る人の信頼度を高めます。その掲載された社員から会社の求めるありたい社員像を感じることができれば、見る人も会社の期待する人がどのように会社で生き生きと働いているのかを疑似体験できます。ありたい社員像に共鳴する人が、応募してくることでしょう。

【秘訣10】採用プロセスと基本活動を強化する

採用のプロセスを整える

筆記試験、採用面接、適性検査などいろいろ活用しているのに、採用ミスが多いのはなぜでしょうか？　デミング博士が「ミスの85％は、人災ではなく、プロセスやしくみの問題」といわれたように、採用の全体のプロセスとベストフィット人材をとるしくみに問題が潜んでいることが考えられませんか？

まずは効果的に採用をするための基本ステップを紹介しますので、自社の採用のステップを見直してみてください。

(1) 募集職務のジョブプロファイル作成

採用ミスの大きな原因の1つは、この「ジョブ・プロファイル作成」の不備です。即ち、募集人材の基準や要件（スペック）の曖昧さです。基準があいまいなので、熟練面接官がインタビューをしても、自分の基準や価値観で合否を判断し、フィットのない人を採ってしまう結果となるのです。

ここでの重要なポイントは2つ。1つ目は、ジョブプロファイルはまず、会社の求めるありたい社員像が基盤になるということです。2つ目は、学歴・経験だけでなく、実績、能力／資質や行動特性など、的確な要件を規定するということです。特に、中途採用では、実績は重要です。

(2)採用者募集マーケティング

これは先の採用戦略の後半で紹介したターゲットにリーチする策を実施することです。自社の企業文化に合う資質の高い人たちを効果的に惹きつけるメッセージとメディアが重要です。

(3)評価方法と評価者の選定

筆記試験、インタビュー、グループワーク、実技試験、アセスメントなど様々な評価手法がりますので、自社の採用ニーズにあったもの2～3種類を組み合わせて行うことで、より客観的に応募者を理解できます。グループワークは対人スキルを判断するにも効果的です。アセスメントは中途採用やマネジメント採用でより客観的に応募者の資質を判断するためのものです。

(4)スクリーニングと面接設定

スクリーニングは履歴書と基本テストなどで行います。履歴書スクリーニングで気をつけることは、ジェンダーバイアス（男性か女性か）や年齢バイアスがかからないように、それらの項目を伏せて行う会社も増えてきました。また、写真も伏せることも時々あります。バイアスで残す人材を落としてしまうのはもったいないことですので。欧米の基本テストでは、言語能力や数的能力を調べるテストがよく使われます。

(5)インタビュー質問の完成

「採用ミスの5割は第一印象で決めることに由来する」と言われているように、インタビューのあり方です。面接官の主観を取り除き、より客観的に上記の職務と組織文化に必要な要件に本当にフィットする人材を選べるように、より客観的、かつ包括的に欲しい人材を特定できるように、質問を会社で決めておくことは適材適所の採用の基本です。質問を具体的な文章で明記しておくことは、すべての面接者が相手にわかりやすく、なおかつ、相手から真実を包括的に聞きだすためには、不可欠な準備事項です。

(6)採用インタビュー、グループワーク、アセスメント

ステップ3番目で決めた活動を実施します。インタビューは予備インタビューを行い、選ばれた人だけ最終インタビューに進むことがよく行われます。バイアスを軽減し、多面的に応募者を理解するためにはインタビューは複数人で行うことが重要ですし、効果的です。

(7)最終候補者選定

インタビュー、グループワーク、アセスメントなどの結果を総合的に判定して、企業の使命に共鳴し、企業文化と業務遂行に適した価値観、志向、能力や行動特性を持つ人を選定します。

(8)レファレンス・チェック（必要に応じて）

特に、中途採用の場合は、ＳＮＳで対象者に関する記事を見たり、前職の会社の方からパフォーマンスや特性を確認することです。欧米ではレファレンス確認をアウトソースすることも少なからずあります。また、バックグラウンド・チェックをする企業もあります。

(9)採用者決定

応募者には迅速に決定を伝えることがよい社員エクスペリエンスにつながります。

指標を明確に

人間は感情の生き物ですので、主観を取り除くことはできません。ですので、できるだけ主観的判断に陥らないために、採用の判断軸を具体的にしておくことが不可欠です。

例えば、リーダーシップ、問題解決力、コミュニケーションなど全社員に求められる能力を行動レベルに落とし込み、明文化しておけば、採用面接でもそれらの行動軸で応募者をより的確に判断できます。

指標が明確であれば、採用面接をする方も意識的にそれらを観察しますので、採用担当者による味方のブレやズレは軽減されます。「測定されるものは達成される」です。

判断材料を増やす

採用のステップでも書きましたが、インタビューだけで判断するのではなく、アクティビティやグループワークは応募者の行動特性や志向を見るのに役立ちます。

会社説明会の中で応募者にグループでケーススタディを解決してもらうグループワークをしてもらうことも大切です。グループワークの中で、参加者がどのように問題解決をするのか、他の参加者とどのようにコミュニケーションをとるのか、どのように問題解決を協力して行うのかなどを見るのですが、１人ひとりの考え方や問題解決能力と共に、対人スキルもしっかりと見ることができる効果的なアクティビティです。

グループワークは過去のケースでも、架空のケースでも、将来を創るケースでも、いろいろな題材で行え、つくりやすいのでおすすめです。ただし、エンターテインメントではありませんので、判断材料にならないことは控えましょう。自分たちの測りたい行動や能力を見ることができるようにストーリーを組むことがポイントです。

アセスメントを活用する

偏見を軽減するために、アセスメントは有効です。インタビューはこれまでの経験や過去の達成事項とその成功要因、強みや弱みを知るには重要ですが、まだ見えていないその人の資質や新たな可能性に関しては把握するのは困難です。アセスメントは本人の資質と将来の可能性を把握するためのものです。

欧米企業の多くは、部門別採用が基本で、職務や業務適性基準を設け、基準に合った特質を持つ人を採用しています。但し、「行動特性」のアセスメントだけでは片手落ちになるので、「価値観」、「能力特性」などを加え、応募者が「いかに行動するか」、「どのような動機づけで」、「何ができるのか」という3つの側面から包括的に人材を見ることのできるアセスメントを活用することが増えています（図表9）。

これまでアセスメントを活用していない、または、使ったが判定材料に使えなかった方には、一度、「行動特性」、「価値観」、「能力特性」を特定する総合人材アセスメント、「トライメトリックス

®」を試されてもよいかと思います。

【秘訣11】採用面接者の質を高める

奇をてらう前に基本は忠実に

面接者によって選ばれた応募者の質にバラツキがあるという問題をよく耳にしますが、皆さんの組織では、いかがでしょうか？　奇をてらった質問や自由気ままに質問をする面接者はいませんか？

デミング博士の「間違いの85％はしくみ／プロセスに問題がある」ということで、採用ミスや選定ミスがあるのであれば、それは単に面接者に問題があるのではなく、面接の準備とプロセスに問題があるのです。面接者が面接の基本を身につけることは不可欠です。

面接官が重要

採用ミスの５割は第一印象で決めることに由来する

〔図表９　職務適性（フィット）要素〕

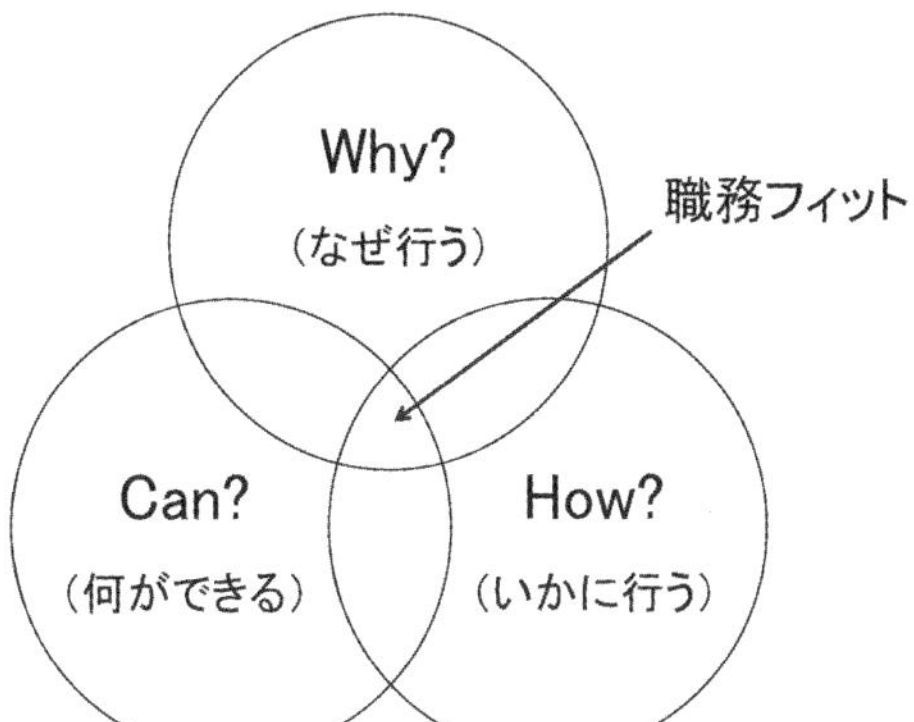

と話しましたが、インタビューのあり方が問題です。面接官がインタビューのゴールと質問内容を理解していない、また、正しい面接方法を理解していないのに面接をすることが問題となっているケースがよく見受けられます。

面接担当者の主観を取り除き、より客観的に職務と組織文化に必要な要件に本当にフィットする人材を選べるように、まずは、客観的、かつ包括的な、質問を会社で決めておくことです。

〔図表10　採用の基本ステップ〕

採用の基本ステップ
1　募集職務のジョブプロファイル作成
2　採用者募集マーケティング
3　評価方法と評価者の選定
4　履歴書スクリーニングと面接設定
5　インタビュー質問の完成
6　インタビュー及びアセスメント
7　最終候補者選定
8　レファレンス・チェック
9　採用者決定

インタビューのタイプ

インタビューにはいろいろなタイプがありますが、皆さんの採用面接ではどのような質問が多くされるのでしょうか？

・単独　VS　パネル：単独は1人の応募者に対して、1人の面接官がインタビューしますが、パネルは1人に対し複数の面接官がインタビューします。複数面接行うのであればパネルのほうが効率的に見えますが、応募者に不要なプレッシャーをかける可能性があるので単独のほうが素の本人を見ることができるので効果的なことが多いです。

・ストラクチャード　VS　フリースタイル：ストラクチャードは質問項目が決まっているインタビューです。求める人材像を客観的に、かつ包括的に確かめるために効果的で、採用面接の定番です。フリースタイルはジョブプロファイルを見ながら面接官が自由に質問するタイプですが、客観性と全体観に課題が出ることがよくあります。社長や幹部の最終面接で使うくらいにとどめておくことをおすすめします。

・過去　VS　将来（仮定）：過去型質問はこれまでの応募者の体験を把握するために行う質問です。これは、本人の行動スタイルと志向を理解するには有効で、採用面接の基本形です。将来型／仮定型はこれからありうる状況、または、ある設定条件の中で何を行うか、例えば、「顧客がXという苦情を言ってきました。どうしますか？」というタイプです。模範回答を引き出しがちですので、仮定型を聞く前に、過去の行動を先に聞き出すことをおすすめします。

インタビューで聞く質問を明文化

ありたい人物像を行動レベルにまで落としましたが、これを具体的な質問項目に落とし込み、質問リストをつくることは面接担当者が客観的に、かつ包括的に質問をするためにはたいへん重要です。所謂、チェックリストの働きをします。

例えば、求める人材像が、リーダーシップがあり、問題解決力が高く、コミュニケーションを図り、仲間と協働できる人ならば、質問項目は、「リーダーシップ」、「問題解決力」、「コミュニケーション」、「協働」になります。

たまに、項目ごとにインタビューをする方がいますが、それは現実的には無理があります。応募者の体験したいくつかのエピソードを聞きながら、各々の項目に関する有効度合いを確認していきます。

どのようなエピソードを聞くか、ですが、相手のことをよく知りたいのであれば、本人の成功体験から尋ねましょう。心理学的にも、人間は楽しい体験やうれしかった体験を考え、話すときはワクワクしながら詳細までたくさん話します。逆に、つらかった体験や困った体験を先に質問されると、少し憂鬱になり、心理的な安全を感じることができず、心を閉ざし始め、その後もあまり語れなくなる傾向にあります。

私もいろいろなグローバル企業で採用面接をしてきましたが、採用インタビューの基本形は本人の最高に達成感のあった体験から尋ねることです。本人が気持ちよく、包み隠さず、たくさん語ってもらうことが相手のことをよく知るための秘訣です。そのエピソードの全体を聞きながら、求める人物像か否かを確かめます。達成感のあった話をしてもらうと、本人の強みとなる行動、伸ばせていない行動が特定できますし、また、動機づけ要因を垣間見ることもできますので、企業文化や職務にマッチするかも確認できます。

正しく採用の是非を決めるには、質問力、即ち、何を聞くのか、そして、どのように尋ねるのかが重要です。

バイアス（偏見）が客観性を妨げる

質問力と同様に重要なのが傾聴力です。よい質問をしても傾聴できなければ、相手の答えが耳に入ってきません。傾聴を妨げる要因は偏見、感情、体調不良、集中できない環境などがありますが、特に多いのは、偏見です。

よくある偏見のタイプを4つご紹介しますので、ご自身にそのような体験があったかどうかを確認してみてください。

・第1印象：最初に見た印象、例えば、明るく振舞っている、暗そうに見える、また、服装などの外見や動作が判断に影響を与えるバイアスです。

・ステレオ・タイプ：男性／女性は…、とか、運動部にいた人は…、とか、X国の人は…などの固定観念が判断に影響を与えるバイアスです。

・ハロー効果：最初に聞いたある成功事例やよい点でその人のすべてがよいと判断させるバイアスです。

・認知的不協和：聞きなれないことや初めて聞くようなことを言われるとそれを受け入れない、また、その後、その人の話をしっかりと聞けなくしてしまいますバイアスです。

バイアスを軽減するために

偏見も気づいていれば、意識的にそれに注力し、自身の偏見を認識してそれを改める行動をとることができます。問題は気づいていない偏見です。近年よく使われている「アンコンシャス・バイアス（無意識の偏見）」です。

まずは自分の偏見を総点検することが重要です。1つのアプローチは、これまでの体験で好意的に感じている人を、トップ10人を選んで、その人たちの特長を書き出し、それらが正しい特徴かどうかの検証をしてみます。次に、自分とあまり関係性のできていない人、親和性の少ない人も10人選び、彼らの特長を書き出し、その特徴の根拠やデータを書き出します。

ステレオ・タイプやハロー効果で特徴づけを行い、自分と合う合わないを判断してしまっているケースが出てくると思いますが、いかがでしょうか？

これはハーバード大学の故クリス・アージリス教授の「推論のはしご」のモデルにあるように、人間は全体で起きている中のある1つの事象を見て、思い込み、確信し、行動を決めることが多々ある、ということを示しています。だから、私たちは時々、これまでを振り返り、自分のバイアスを見直し、修正していく作業が必要なのです。

そして、自分とは親和性の少ない方や合わない方とこれまで以上に対話してみることもたいへん有用です。「違う」とか「合わない」と感じたとき、対立モードに入るのではなく、傾聴モードにスイッチを入れ、相手の思っていることやその理由などを深掘し、自分とは異なるものの見方を理解するのです。これを習慣化すれば、徐々にバイアスは減ってきます。

バイアスの把握、バイアスを取り除くことは面接者の基本活動です。

本番の前にロールプレーを行う

インタビューの質問項目と質問のながれができたから、即、それを実践できる人はほぼいません。ゴルフの本を読んで、ドライビングレンジでまっすぐにボールを打てる人は奇跡の人です。営業研修で顧客との対話シナリオを学んでも、即、現場でうまく実践できる人はほぼいません。現場で践する前にロールプレーは必ず必要です。

基本は３人で、採用担当者、応募者、観察者の３役に分かれてロールプレーをします。採用担当者は事前に質問表を準備しておき、観察者に渡しておきます。応募者役のかたは素でも構いませんし、シナリオを準備して行っても構いません。ロールプレーの後、応募者と観察者から採用担当者の質問内容と質問の仕方、全体のながれに関してよかったところと改善点をフィードバックをもらいます。フィードバック後、採用担当者役の方は今後のインタビューにおける改善点を記録しておきます。

インタビューだけでなく、採用・不採用の判定もロールプレーで行うこともおすすめします。これは判断軸と判断の目盛りのすり合わせを行うにはたいへん効果的です。その際、面接者、応募者、観察者の間で、最初に評価基準を確認します。そして、面接者は、定められた質問を行い、包括的に、応募者の特性を把握します。インタビューが終わった後、面接者は、「合格・不合格」とその理由を説明します。それに対して、応募者役の方から、そのロジックのよいところと懸念を話してもらい、その後、観察者から、フィードバックをもらい、判断軸を３人ですり合わせます。

【秘訣12】業績を高める採用の原則を活用する

合わない人は採らない

「企業文化に合わない人は採らない」、これは鉄則です。人数が足らないからと言って、企業文化に合わない、あるべきものの見方ができない、求められる行動がとれない人を絶対に選ばないでください。お互いに不幸になります。

経験がある、知識が高い、資格を持っている、実績を出している（らしい）、などで選ぶ会社はまだまだ多くあります。専門スキルは後からつけることができます。人間の学習曲線は思っている以上に高く、たいていのことは1年あればある程度身に付きます。しかし、物の見方やEQ(Emotional Quotient：感情知性）はちょっとやそっとでは変わりません。EQが低ければ対人力は弱く、これでは組織の生産性とエンゲージメントを下げていきます。

企業文化に合う、職務に必要な行動特性を持つ、これは絶対的な判断軸です。

真実を見せる

効果的な採用は双方の協働で成立します。採用する側が相手の真実を期待するのと同様、採用される側も採用する側の真実を期待します。欲しい人材を採りたいあまりに、事実を曲げて自社の紹介をすることがあります。これは新入社員の早期離職の原因となります。

ブラックな、または、グレーな会社がクリーンな（グリーンな）イメージで自社を伝えることほどひどいことはありません。エネルギーを要する就活を完了し、意気揚々と入った新入社員は、職場に入ったその週から理想と現実との違いに幻滅を感じることでしょう。暫くはせっかく入ったのだからと頑張りますが、やはり長続きはしません。３か月ほどでやめる方の多くはこのパターンでしょう。

会社のありのままを伝える中で、会社が期待することと行動だけでなく、できないこととやってはいけないことも伝えることは重要です。以前、米国ディズニー・インスティテュートの人事取締役の方からうかがったことですが、採用面接のとき、実際の採用面接の前に２つの体験を応募者ができることです。

１つ目は、パークに隣接している本社に入るときからディズニーの世界を体感することです。これはキャラクターでできた入口のドアノブ、ビルに入った瞬間から歴代の経営者の写真ではなく、ディズニーのキャラクターの額縁、そして、そこから面接会場に行く渡り廊下でパークを眺めることができるのです。ちょっとしたディズニーの世界を疑似体験できます。

２つ目は、面接の前の控室で社員の働く様子をビデオで見ることです。ここでは、実際にキャストの方々がどのように現場で働いているかを見ることができます。その中で、社員が行っている行動、お客様への接し方、コラボレーションの仕方を目にすることができます。さらに重要なことは、やっていけないことやできないことを紹介します。

例えば、その当時はピアスやタトゥーなどが駄目などです。できないことがわかると面接を断念して帰路につく方が1割以上いたそうです。できないことの明確化も重要なプリスクリーン機能を果たします。

ダイバーシティの最適化

ダイバーシティ・エクイティ・インクルージョン（DE&I）の必要性が謳われだして久しく、今では、多くの企業がダイバーシティ（多様性）の重要性が理解できていると思いますが、まだまだ、偏りが残る企業がたくさん存在します。特に日本でよく見るのは、圧倒的に男性が主体になっている会社です。もちろん業界によってもかなり異なりますが、マネージャー以上では大半が男性という企業が大半です。

ダイバーシティの改善の1つは採用過程でのバイアスをなくし、男女比率を適正化していくことです。応募する女性の少ない職種もありますが、男女差を是正するためにさらなる採用戦略の強化が必要になります。

男女バイアスといえば、米国のオーケストラで圧倒的に男性が採用される事実が認識され、これをバイアスによる差別的採用と推測し、採用オーディションをカーテンを挟んで男女の認識ができない形で行うことにしたところ、合格者は男女が半々になりました。典型的なステレオタイプからくるバイアスが悪い形で働いていた証拠です。その後、オーディションをカーテン越しで行うところが増えてきました。

ダイバーシティの最適化のために、ダイバーシティを採用の評価軸に入れる、エンプロイヤー・ブランディングにＤＥ＆Ｉを含める、採用戦略にＤＥ＆Ｉを取り込む、採用プロセスの工程でバイアスが出ないしくみを取り入れる、採用面接担当者のバイアスのないインタビューを実践する、などいろいろな策があります。

常によいカスタマー・エクスペリエンスを生み出す

ここで言うカスタマーは応募者のことです。応募者が就職活動の過程での皆さんの組織とのタッチポイントすべてで最高の経験ができると、採用・不採用に関わらず、その方々は皆さんの会社によいイメージを持つことになり、何らかの形で会社の成長の支援してくれます。よい口コミをネットに書く、製品を買う、など様々です。

入力方法がわかりやすく簡便で手間を取らせないなどツールやしくみから行えることもありますし、レスポンスが早くて丁寧、また、採用インタビューでしっかりと話を聞いてくれただけでなく、いろいろな学びや気づきがあった、などもよいカスタマー・エクスペリエンスを生み出します。

私は新卒のとき、ヴイックスとＰ＆Ｇを受けました。どちらも複数の面接担当者からインタビューを受けましたが、前者のほうが気持ちよくインタビューを受けることができました。具体的になにがどういうことは覚えていませんが、自分を理解してもらえた感がありました。面接の後、社内の2つのフロアを案内していただきましたが、働く方の活気と笑顔に好印象を持ち、一緒に働いてみたいと感じました。朝一の新幹線で小倉から大阪まで移動したので睡眠不足気味でしたが、本当によい気分で帰路につけました。翌日速達で内定の手紙が来たので、即、承諾です。

採用における応募者とのすべてのタッチポイントでよいカスタマー・エクスペリエンスを感じていただくには、まず、メンバー1人ひとりがカスタマー・マインド（顧客志向）を意識することから始まります。

人事とラインの協働

採用は人事とラインと協働で行うものです。採用面接も決断も基本はラインで行うものです。人事の役割は適材適所の採用が行えるように、採用プロセスとしくみやツールを確立すること、適材プールを集めること、そして、プロセス通りに回っているかどうかを確実にすることです。この役割分担を双方がキッチリ理解し、実行できていると適材適所の採用につながります。

ちなみに、私のいた頃のP&G（宣伝本部）では、マネージャーは春の2週間強、リクルーティング活動に没頭していました。東京と大阪で採用のための会社説明会、部署ごとの本部紹介とワークショップ、採用インタビューです。会社説明は人事が行い、部門紹介は各部門が担当しますし、ワークショップもラインが行います。面接も基本、ラインで行います。90年代初頭はネットもソフトもなかったので、インタビュー後の評価点数はエクセルで集計していました。ラインもマネージャーだけでなく、中堅社員も前年度入社の社員も支援し、人事に言われたからではなく、自ら採用活動に没頭する期間でした。

人事部は会社にフィットしそうな応募者のプールをつくりますが、その過程でグローバル統一の試験を日本語で受けてもらいスクリーニングも行います。私が人事部に異動して、追加的に行ったのは、ワークショップで行うケースに基づいて、求める人材の評価軸ごとに採点できるような評価シートをエクセルでつくり、評価者が簡単に評価でき、自動集計できるようにサポートしました。

会社にベストフィットする最高の新人を採用するという共通ゴールを人事とラインで共有することが不可欠です。

不断の改善／イノベーションを行う

トータル・クオリティ・マネジメント（ＴＱＭ）の基本原則、「不断の改善とイノベーション」はすべての人事活動においても基本原則です。

採用の各ステップごとにＰＤＣＡを回すことです。すべて終わってから初期の活動から振り返って1つひとつを評価するのは困難ですので、ステップが終ったら、次の活動に移る前に、活動の振り返りを行うほうが無難です。振り返りは、記憶が新鮮のうちに行うことをおすすめします。

振り返りに長々時間をかけなくても結構です。米国軍隊で毎回の訓練が終わった後で行うＡＡＲ

（アフター・アクション・レビュー）の要領で、そのミッションは何だったか、何がうまくいったか、何がよくなかったか、期待する成果を出すために何を強化するのか、議論し、合意しましょう。

すべてのステップが終わってから、1年を通しての総括を行い、次年度の活動に向けた改善と変革の計画を作成してみましょう。後は、それを実行するのみです。不断の改善と変革を実践できれば、着実にありたい組織文化を築くための重要な支援ができます。

【秘訣13】テレワーク時代の採用で取り入れるべきこと

自社のホームページとSNSでエンプロイヤー・ブランディング

ビジュアルの重要性、実際の社員の証言が大切なことは先に紹介した通りですが、その中でもビデオは効果的です。

就職サイトで関心を持った応募者はホームページをチェックしますので、採用サイトに皆さんの現実の「社員のテスティモニアル（証言）ビデオ」を掲載してみてください。ビデオを見て関心を高めるのは消費者だけではなく、就活中の応募者も同様です。

応募者に「ここで働きたい」と感じさせるものにしましょう。20代の若者にとっては、やりがいを感じる要因も重要ですが、関係性のよい職場、自分らしくありたい、SDG的に社会にもよいことをしているというポイントは重要です。よい従業員体験ができる職場というポイントはエンプロイヤー・ブランディングでしっかりと押さえておくことをおすすめします。情報発信は、ホームページと対象者の関心のあるＳＮＳを使って行うことが重要です。

また、カスタマー・エクスペリエンスを高める観点から、チャットＧＰＴなどＡＩ機能を持つ「チャットボット」を採用サイトに搭載し、応募者からの採用サイトへの質問に即座に的確に答えることも効果的です。

オンライン会社説明会とジョブフェア

実際に時間と費用をかけて訪問させるのではなく、どこからでも参加できる、オンラインでの会社説明会、または、複数の企業とタイアップするジョブフェアを行うのは双方にとって効率的です。オンラインであっても、ブレークアウト機能やホワイトボードを使えば、グループワークやアクティビティ、また、採用インタビューも行えます。

地方に会社があっても、また、都市部の応募者が地方に赴かなくても、手軽に開催、また、参加できるオンラインの会社説明会や採用活動は今の時代の採用の基本活動に欠かせないものです。

ソーシャルメディアの活用

２００５年以降様々なソーシャルメディアが生まれて、人々はソーシャルメディア内のネットワークに情報やアイデアを発信をしてつながっています。米国では大統領選を含め政府でも活用されていますが、企業も自社製品やサービスの情宣のためにソーシャルメディアを活用しています。

20代の大半の若者がソーシャルメディアを活用していますので、採用においても、フェースブック、ツイッター、インスタグラムなどを活用している企業はどんどん増えています。ソーシャルメディアに自社の採用活動や情報を流すことによりターゲット層に認知度と感心を高めてもらっているのです。

ただし、ターゲット層に合わせたソーシャルメディアの選択が重要で、また、ある程度頻繁な情報提供も必要となります。

AIと自動化で採用活動の効率化

デジタル・トランスフォーメーションはコロナ禍で一気に進展していますが、採用でも同様にドンドン活用が進んできており、業務効率の短縮化を図ることができています。

応募者も応募サイトから必要なことを埋めることによって応募できるので簡便です。採用する側はAIを使ってスクリーン条件を設定していれば自動で事前スクリーニングが行えます。スクリーン後残った方に面接の前にアセスメントや試験、またはゲームによる事前適性度チェックが必要であれば、それも自動で行えます。最終面接者の面談のスケジューリングもウェブ上で行えますので、双方に便利です。当然、応募者の数や現状なども自動的に把握できますので、関連部署への報告も容易です。

採用人数の多いところは採用業務のデジタル・トランスフォーメーションを検討されてはいかがでしょうか？　ただし、ＡＩや自動化において条件設定が正しくなければ正しいスクリーニングができないので、慎重に行いましょう。

テレワーク・ポジション（テレワークのできる職務）を拡大

コロナ禍の影響で欧米でさらに拡がったテレワークはコロナ以前の状態に戻っても不可欠な働くスタイルです。２０２２年の米国の調査では、テレワークを体験した就労者の９割はテレワークに満足し、就労者の８割以上はテレワークとオフィスで働くことの選択権を望んでいました。

また、７割以上の経営者はテレワークが働くスタイルの形態として存続するだろうと回答しています。欧米の企業ではこれに伴ってオフィスの縮小や移転と共に、テレワーク・ポジションを見直し、拡大しています。

業務を見直し、テレワークでできる業務を増やすことにより、より幅広い選択肢から社員を集めることが可能になりますし、ダイバーシティの拡大と共に、新たな発想やイノベーションの増加にもつなげる可能性が増えてきます。

対象を海外に広げる

上記のテレワーク・ポジションの拡大の際に、語学力を必要とするテレワークポジションが見つかれば、採用のマッピングを国外に広げ、グローバル規模でより専門性の高いタレントを獲得することが可能になります。

実際、この数年、インドからの採用は激増しています。

イノベーションを強化したい、また、海外に基盤を拡げたい方は海外から社員を採用することを自社のグローバル戦略や組織文化の変革の1つとして考えることは有用です。海外に進出するにはその国の文化を把握する必要があり、その一環としてその国の文化を持つ、または、知る社員を採用することは重要です。SNSやグローバルな就職サイトを活用して海外人材に自社のメッセージを伝えて応募してもらう、または、ターゲットのプールに入れることをご検討してみてはいかがでしょうか。

スクリーニングやインタビューからバイアスを軽減する

スクリーニングやインタビューの際、名前や写真があるとジェンダー・バイアスや外見からのバイアスが働く、また、住所や国籍からのバイアスが働く可能性があるので、名前・住所・写真などを除いてスクリーニングを行う企業が増えています。

また、コロナ禍でオンライン・インタビューはグローバルで標準となってきましたが、オンライン面接の際にカメラオフで顔が見えることによる第一印象からのバイアスがかからないようにする企業も増えてきました。無意識のバイアスは常にあるので、それらを取り除くしくみを取り入れるのは重要です。

ゲーミフィケーションを取り入れる

自社への応募者、また、今後の社員候補者たちが自社のサイトやＳＮＳのサイトに来た際に単にフォローしてもらうのではなく、ゲーミフィケーションを活用して、体験型のよいカスタマーエクスペリエンスを感じていただき、関心を持ってもらうことは自社の将来の社員の有力候補をキープする効果的な手段です。

2章のまとめ

秘訣6．採用の出発点、ＫＰＩを明確にする
秘訣7．ありたい人材像を明確にする
秘訣8．現在の採用の強みと課題を把握する
秘訣9．自組織に適した採用戦略を実現する
秘訣10．採用プロセスと基本活動を強化する
秘訣11．採用面接者の質を高める
秘訣12．業績を高める採用の原則を活用する
秘訣13．テレワーク時代の採用で取り入れるべきこと

振り返り：本章ではどのような気づきや発見があったのでしょうか？　気づきや学びから、どのような新たな活動や行動をとれるでしょうか？

第3章

業績に直結する人材開発制度づくりの秘訣

【秘訣14】人材開発のKPIを明確にする

人材開発の使命を明確にする

人材開発は組織になくてはならない機能です。人材開発は、教育研修、ラーニング&デベロップメント、トレーニング&デベロップメント、また、ラーニング&パフォーマンスと呼ばれたりしていますが、基本的には目的を同じくしています。小さな組織で人材開発チームがなくても、人材開発を行う機能は必要です。

人事部門の使命は、第1章でご紹介したように、「会社/組織のゴールを達成するために、最適人材を確保し、人材の効果的、かつ、効率的な活用を確実にすること(=人材が効果的に、かつ、効率的に活用されている状態を確実につくり出す環境を築いている)」です。これから類推される人材開発の使命は何でしょうか?

人的資本(Human Capital)が組織ゴールを達成できるように、社員の価値、即ち、ミッション達成に貢献する能力を身につけ、パフォーマンスを出せるようにすることです。ということで、人材開発が機能しているということは、毎年毎年、社員の組織ゴールを達成するための能力を高め、パフォーマンスの強化を達成できているはずです。

では、それはどのように測るのでしょうか?

人事のスコアカードから見た人材開発のＫＰＩを取り入れる

皆さんの組織の人材開発チームではどのようなＫＰＩを設定して、その効果を測っていますか？

よく見る人材開発、または、研修チームで測定しているＫＰＩは「社員何人に対して研修を提供した」、「社員が何時間研修に参加した」、「1人につき平均いくら研修に費やした」、「研修参加者の研修への評価は5段階評価で平均何点だった」、などです。これらも大切な情報ですが、これだけでは、各々の研修に参加した社員がどの程度、研修後にビジネス・パフォーマンスを高めたのかが理解不明です。

研修の目的はパフォーマンスの向上です。研修の提供はそのための1つの手段ですので、研修プログラムを通していかに参加者のパフォーマンスを高めたかが一番重要なＫＰＩです。

パフォーマンスを出すための能力軸を設定する

パフォーマンスを高めたレバレッジポイント、即ち、どのような能力をどの程度高めたかを明確にすることも大切です。能力軸とは第2章の採用のところで紹介しましたが、人材育成で使う能力軸と採用で使う能力軸は通常は同じであり、「ありたい社員像に求められる行動／能力軸」です。

多くの会社は自社のありたい社員像と能力を基に、5～10程度の能力軸を設定されています。これらの能力軸において、社員の各々の能力はどの程度まで開発されているのかを測定し、強みとなる能力はどれか、課題となっている能力はどれかを特定することは、会社にとって社員の開発状況を把握することのできる有用な人材ＫＰＩです。また、この測定結果によって、翌年の人材開発の焦点や注力すべき能力軸を明確にすることができます。

ちなみに私のいた頃のＰ＆Ｇでは全社員に求められる7つの重要なスキル、そして、8つ目が各部門の専門スキルでした。7つのスキル開発に関しては人事部門がトレーニング開発の責任を持ち、8つ目の専門スキルは各部門が研修を提供するようになっていました。

カークパトリックの「研修の効果測定の4段階」で考える

研修のゴールは何らかの変化を起こすことです。研修を受けてもその後参加者に何も変化が起きなければ、その研修には効果がなかったということになります。ということで、研修後、基本的には常に効果測定が必要です。

研修担当の方はご存じだと思いますが、「カークパトリックの研修の効果測定の4段階」というコンセプトがあります。研修による参加者の変化を4段階で測るものです（図表11）。

彼の4段階の最初のレベルは、研修に対する「リアクション」、2段階目は「学習」、3段階目は「行動」、4段階目は「成果」。レベル1の「リアクション」は、研修がわかりやすかったか、効果的だったか、どの程度役に立ったか、などを研修直後にアンケートで調べるものです。レベル2「学習」に関しては、研修後の試験で何をどの程度理解したかを把握します。事前テストとの比較で学習レベルを測定することがよくあります。レベル3「行動」の変化とレベル4「成果」は、研修後の本人の行動や成果の変化を上司や仲間から確認されるものです。

ちなみに、投資効果（ＲＯＩ）の測定は現実的ではないので、研修の効果測定には基本的に用いません。これは他の変数の効果が読めないからです。

例えば、営業研修を行い、研修後の売上が10％伸びた、というときですが、その売上の伸びは市場や顧客の変化からや、競合の落ち込み、マーケティング・サポートが強化された、マネージャーが変わった、などの様々な研修以外の変数の効果を測るのが実質的に困難だからです。研修のＲＯＩ測定は、労力に対して得るものが少ないので、レベル４（成果）で十分です。

〔図表11　研修の効果測定の４段階〕

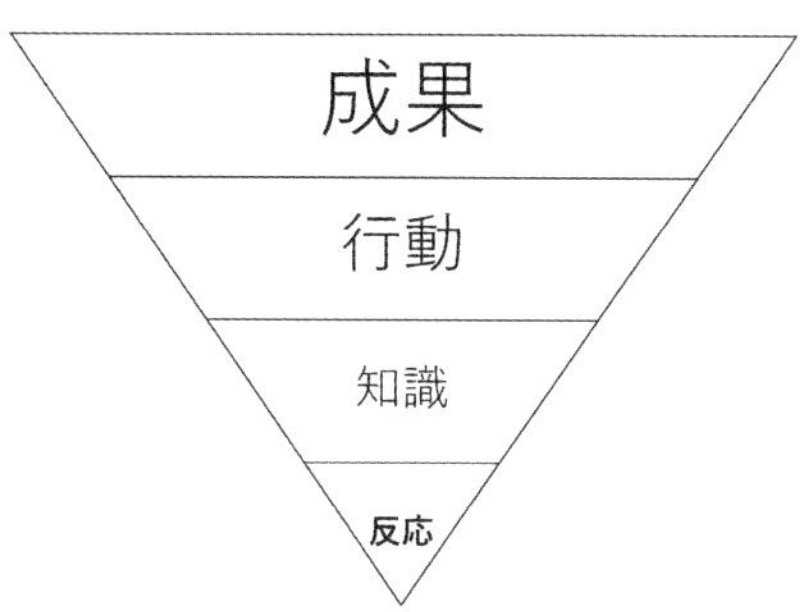

人材開発の現状を把握する

これまでにＫＰＩを設定してなかったのでしたら、この際に人材開発のミッションを基に設定してみてください。そして次の研修の機会から効果測定を行ってみてはいかがでしょうか？

- 業務パフォーマンス（または、能力軸）で基準を達成している方の割合
- 能力軸ごとの社員の行動の有効度合い（５段階評価で平均何点）
- 参加者の研修に対する反応（５段階評価で平均何点）

・研修後の行動変化（何％の参加者）
・行動変化後の成果（何％の参加者が変化、成果の度合い）

【秘訣15】人材開発が実践されるしくみを創る

人材開発や育成はだれの責任なのか

「教育や人材育成は人事部門の責任」と捉えている会社を時々聞きます。こういう会社では「うちの部のAさんが仕事ができないんだけど何とかして」というラインマネージャーがよくいます。育成はだれの責任なのでしょうか？

冒頭で述べましたが、私が勤めた最初の2社で、まだ私がマーケティング部に所属している頃、ほとんど人事部のお世話にならず、特に2社目では、ライン各部門で採用から、配置、教育、評価、人材育成やキャリア開発、昇進、昇給を行っていました。ほとんど人事部の担当者と話さずに自部門で人事的なことが行えるほど、社内に人事や人材開発のしくみが確立されていました。

採用と同じく、人材開発は人事だけでも、ラインだけでもなく、人事とラインの協働で行うものです。各部門のゴールやニーズに関しては部門が一番理解しているので、採用、配置、育成などはほとんど部門で行うことが効果的です。では、人材開発においては、人事は何をするのでしょうか？

人事はすべての部門が部門関連の人材開発を自部門で行えるような「人事・人材開発に関するし

くみ、プロセス、ツールなどを揃えて、すべての部門が活用し、人事的に必要なことを滞りなく完了できるようにしておくこと」です（もちろんこの棲み分けは会社の規模によっても異なりますし、方法も異なります）。

では、どのようなしくみやプロセス、ツールが必要なのかをこれから見ていきます。

人材に関する基本理念を周知する

日本でも欧米でも多くの企業で昔から「人材は会社にとって最重要な資産である」としています。これは何を意味するのでしょうか？　最重要な資産であるからこそ、会社のすべての部門で社員を尊重し、育成し、有効活用することではないのでしょうか？　即ち、人事部のポリシーではなく、会社の経営理念なのです。人事部マターではなく、経営マターです。人に関する企業理念を明確にし、社内に浸透させることは会社として不可欠なことです。

私が合併で２社目に移ったときに最初に手渡された企業方針声明書（Statement of Purpose）の２ページ目に人材に関する８つの原則が書かれてありました。

「差別のない採用と昇進の原則」、「内部昇進の原則」、「公正な給与の原則」、「チームワークの原則」などと共に、「育成の原則：社員が更に成功するためにトレーニングやコーチングを行う…　マネージャーは部下を育てる役割…」、「ベストを志す原則：各人は自分の領域で最高であることを目指す…」という原則が明記されていました。

人材開発に関して、「マネージャーが部下を育てる」、「トレーニングとコーチングが提供される」そして、「メンバーは自己開発を行いベストを目指す」という明確な期待値が示されています。

企業方針声明書の翻訳版には当時の米国本社の会長のメッセージと彼のサインの入ったカバーレターがついていました。

もちろん経営理念を配るだけでは何も変わらないので、各々の原則の意味づけを対話ですり合わせることが必要ですし、これらの原則を実践するようなしくみが不可欠です。

人事／人材開発から提供する育成プログラム

全社員に必須とされる育成プログラムは人事で開発、または、外注し、開催します。大きく分けて次の4つのタイプがあるでしょう。

(1) 会社としての新入社員研修：新たに入ったすべての社員への導入研修

(2) 基本能力研修：先に紹介した全社員に必要な基本能力を

〔図表12　人事とラインの役割の棲み分け〕

人事の役割	各部門の役割
● 人材開発の理念としくみの周知	● 部門の能力開発のしくみの強化
● 全社員向け基本スキル研修提供	● 専門能力開発プログラム提供
● リーダー開発プログラム提供	● 上司による部下育成

学ぶ研修（表を参照）

(3)　階層別研修：階層ごとに理解し実践すべき内容を学ぶ研修。戦略的な業績強化と共に、育成や組織力強化に関してもここで学ぶ。

(4)　テーマ別研修：D E & I やマインドフルネスなどの個別テーマで新たに学ぶ必要のある研修（時期が経つと基本能力研修や階層別研修などに盛り込まれることもあります）

これらのプログラムの開発は人事で責任をもって行いますが、提供（ファシリテーション）に関しては、外部講師でも社内講師でも可能です。社員数が少ないときは人事部だけでもできますが、社員数が増えてくると、部門のマネージャーに行ってもらうオプションを採られることをおすすめします。

私は宣伝本部から人事部研修グループに異動になった際、それまで多くを外注していた研修をほぼ内製化し、

〔図表13　基本的ビジネス研修の例〕

新入社員	・効果的な文書の書き方 ・タイム・マネジメント ・顧客満足達成のための問題解決 ・ビジネス・コミュニケーションの基本 ・ビジネス・プレゼンテーションの基本
中堅社員	・生産性を高めるミーティング・マネジメント ・業務プロセス変革の基本 ・プロジェクト・マネジメントの基本 ・戦略開発の基本 ・イノベーションの基本

また、各部門に依頼し部門長から講師になる方を選出していただき、各トレーニングの講師になるためのライン・マネージャー向けトレーナー養成研修を行い、社内講師を大幅に増大しました。効果的な教え方を学ぶことは、ライン・マネージャーにとっても部下育成にでも使える大変重要なことです。

また、全世界で行う階層別研修、「P＆Gカレッジ」は基本的にディレクターがファシリテーターと決まっていましたので、彼らにファシリテーションの行い方に関する研修に参加していただき講師になってもらっていました。シニア・マネージャー・レベルはリージョン単位で、ディレクターレベルはグローバル単位で開催していたので、地域をまたいでのリーダーの質の均一化、情報共有とコラボレーション強化にも貢献するものでした。

ラインで人材開発を行うために

どの部門でも人材開発が確実に行われ、部門に必要な専門能力が身に付くようにするには、専門スキルの提供とキャリア・デベロップメント・マップが必要となります。

全社員に必要な「コミュニケーション・スキル」や「問題解決スキル」などの基本スキルは人事部門が提供する役割をもちますが、専門スキルは基本的には各部門が責任を持つものです。

まずは部門に必要な専門スキルを特定する必要があります。技術部門やＩＴ部門のように外部資格のようなものも含めて、必要な専門スキルを各部門が特定しているかを確認することは、部門間の育成度合いのバラツキをなくすためには有用です。

中途採用主体の会社で、例えば、営業部門などで営業研修を行っていない会社もありますが、これはメンバー間の成果のバラツキにつながります。営業プロセスやアプローチは会社によっても業種によっても異なります。会社で営業プロセスを統一することにより、成約率が２倍になるという調査結果もありますので、研修を行うことは業績強化を可能にします。

メンバーが確実にプロとしての専門能力を伸ばすために、部門の専門能力開発表のようなものがあると便利です。

部門内に２～４つの階層があるとしたら、各々の階層ごとに遂行すべき業務やプロジェクト、そして、それらを遂行するために必要となる専門スキルや資格などを記載したチャートがあれば、メンバーも次のレベルに行くためにしなくてはならないこと、身につけるべき専門能力が明確になります。

〔図表14　専門能力開発表：マーケティング部門の例〕

職位	業務/プロジェクト	職務能力	能力基準	開発プログラム
事業部長	・戦略策定 ・カテゴリープラン ・組織力強化/変革	・戦略策定力 ・事業部経営力 ・外部関係者管理力	・XXXXXX ・XXXXX ・XXX	・MDプログラム ・事業開発研修 ・変革研修
課長	・マーケティング計画 ・ブランド・マネジメント ・育成/チーム力強化	・マーケティング力 ・ブランディング力 ・デジタルMktg力 ・クリエーティビティ	・XXXXXX ・XXXXX ・XXX	・MMプログラム ・ブランディング研修 ・インサイト研修 ・イノベーション研修
一般社員	・販売促進 ・競合分析 ・出荷/シェア分析 ・アドミ全般	・顧客分析力 ・市場調査 ・販促開発 ・プロジェクトMgt	・XXXXXX ・XXXXX ・XXX	・BAプログラム ・MRD研修 ・販促研修 ・営業研修

マネージャーが部下の成長支援を行うために

毎年査定の時に次年度のメンバーの業務計画をつくられていると思いますが、その際、業務計画と共に自己開発計画を作成することが重要です。次年度の業務を確実に遂行するために必要な、かつ、強化すべき能力とその開発方法を特定し、上司部下ですり合わせを行うことは双方にとって重要です。

前職では、ワーク・アンド・デベロップメント・プランと呼ばれる年間計画表を使っていましたが、3つのパーツに分かれ、最初に優先度の高い業務計画、2番目に能力開発計画、3番目にキャリア・デベロップメント・プランが書かれるようになっていました。

業務計画に合わせた、また、専門能力開発表も参考にした自己開発の方法が書かれていることで、マネージャーも業務計画達成のための育成計画が明確になり、部下を研修に出す際も参考になります。

社員の自己開発を推進するために

まずは、導入教育で、企業理念、価値観に基づく社員に求められる原則を理解し、ありたい自身の姿を明確にしながら、また、部門のキャリア・パスや必要な専門スキルを確認しながら、自身の成長にコミットすることが重要です。本人の自己開発に対するコミットメントがあってこそ、上司のサポートが生きてきます。

例えば、前職では当時の宣伝本部のメンバーは入社1年目から、どのような業務をいつまでに完璧にできるようになり、いつまでに営業アサインメントを終え、いつまでにブランドマネージャーになる、ということを考えていたと思います。もちろん数年後、その先のアソシエート・アドバタイジング・マネージャー、ディレクターへの道のりも考えていたはずです。

部門の専門能力開発表やキャリア・パス・モデルとともに、ワーク&デベロップメント・プランのような業務計画の達成のために必要な自己開発計画、また、今後関心のあるキャリア展開を記載する年間計画表の作成自体が自分の成長意欲を高めますし、マネージャーとのすり合わせと定期的な振り返りで自己開発に意識を置き、立てた計画を着実に実践するようになります。

【秘訣16】人の成長の基本原則を取り入れる

成長の要因を活用する

人はどのようなときに成長するのでしょうか？　私たちを成長させてくれる要因は何でしょうか？

思い起こしてください。皆さんが最高に成長した時期はいつでしょうか？　そのとき、どのような仕事を行っていたでしょうか？　どのような人たちと一緒にしていたでしょうか？　今振り返ってみて、どのような要因がそのとき皆さんの成長を後押ししてくれたのでしょうか？

経営者育成に関してグローバルトップ10に入る、リーダー開発機関であるCCL（センター・フォー・クリエーティブ・リーダーシップ）の研究調査で判明していることは、成長の70％はチャレンジングな仕事を通して、20％は上司やコーチ的なひとから、10％は自己啓発、です。

私もこれまで数万人のマネージャーに対するワークショップを行っており、その都度参加者に「皆さんを一人前のビジネスパーソンへの成長を後押ししてくれた要因は何でしょうか?」という質問をしています。彼らはいつも、「困難な仕事を成し遂げたこと」と回答しています。

現実はどうでしょうか? 一般的に企業で行われている能力開発は70％がセミナーや研修や自己啓発を通して行われているようです。

研修が社員のパフォーマンス強化に必要なアプローチとなった際、提供する研修を研修だけで終わらせないために、その研修の成果をいかにチャレンジング業務につなげるか、現場で成果を出させるか、という工夫が不可欠です。

〔図表15　成長の要因〕

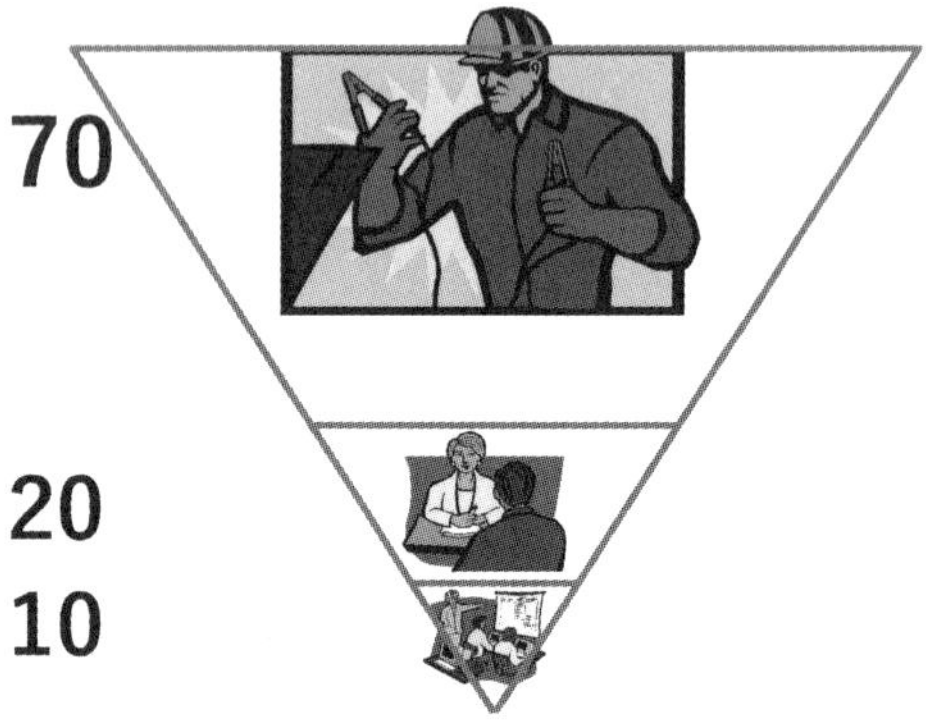

パフォーマンスを高める３Ｃで考える

仕事で成果を出させる３つの要因はコンピテンシー（能力）、コミットメント、コンテキスト（環境）です。

成果　＝　コンピテンシー　×　コミットメント　×　コンテキスト

コミットメントは決意ですが、その中には、やることへのモチベーションや自信も含まれています。スポーツでも同じですが、能力があっても、達成にコミットしていない、また、自信がなければ、成果は達成できません。逆に、コミットしていても、能力がなければ達成できません。例えば、「ゴルフで90を切るぞ」と決意していても、能力が及ばなければ、実現できません。

この３つのＣで研修が一番影響を与えることができるのは、どれでしょうか？

コンピテンシーですね。成果を高めるために、どのように必要な能力を鍛えるか、を学び、能力アップを図ります。コミットメントは本人が持ちたいかどうかを決めるものですので、研修に来てグンと上げるのではなく、参加前に上司と確認しながら、コミットしてもらっておくべきものです。ただし、能力がついてきたことによってコミットメント・レベルが高まることがありますので、影響は与えることができます。

コンテキストは働く環境ですので、これも研修では直接にインパクトを出すケースは限られています。しかし、参加者に環境をどのように変えるべきかを研修中に考えてもらうことによって影響を与えることは可能です。

能力を高めるための知識・スキル・姿勢

研修で一番インパクトを与えることのできるのは能力（コンピテンシー）ですが、能力を構成する要素は何でしょうか？　欧米のトレーニング業界ではKSA、ナレッジ（知識）、スキル、アティチュード（姿勢）と呼んでいますが、次の公式で表現されます。

能力　＝　知識　×　スキル　×　姿勢

皆さんの会社の研修ではこの3つの要素でどのような優先順位をつけていますでしょうか？　または、研修を行った際にどの要素にどれくらいの時間を割いているのでしょうか？　多くの研修では知識に大半を使い、スキルの修得に2－3割使うといった感じで行っているようです。また、姿勢は少し触れる程度ではないでしょうか？

知識、スキル、姿勢の重要度を車の運転で考えてみましょう。知識は道路交通法を知っている、車の運転の仕方、点検の仕方を知っている、などがあります。スキルは、実際に車道で運転できる、また、車庫入れや縦列駐車ができるなどでしょう。

さて、車の運転に基本的な姿勢は何でしょうか？　そう、安全運転をする、道路交通法を守る、周りを走る車や同乗者にいやな思いをさせない、などいろいろあります。

さて、３つどれが欠けていても困るのですが、知識があって、スキルがあっても、近年起きている「あおり運転」のように姿勢が間違っていると、とんでもない事故につながります。

ということで、研修を行う際は、能力を発揮するために必要な知識、スキルだけでなく、姿勢を明確にし、それらを適切に学んでもらうためのながれをアプローチを確実に取り入れることをおすすめします。

成長の４段階で設計する

人の成長のモデルは数種類ありますが、ここでは一番シンプルで基本となるものを紹介します（図表16）。

最初の段階は、「知識」がつく段階です。例えば、営業研修ですと、商品知識、業界や顧客、競合の知識、販売に関する知識、また、顧客心理や脳科学の理論などがあります。２段階目は「意識して行動できる」レベルで、意識していないとできない状態です。

例えば、ロールプレーを行っても、習った質問戦略を顧客との対話で意識していてやっと使える段階です。３段階目は、「無意識で行動できる」状態です。ただ、この段階では、まだ成熟度にはバラツキがあります。最後の４段階目で無意識でも完璧にできるマスターしている状態です。

スポーツでも同じで、例えば、ゴルフですと、第1段階は、クラブの持ち方、振り方、基本的なルールなど、知識をつける、第2段階で、打ちっぱなしに行って、意識しながらクラブを振ってボールを飛ばす、第3段階は毎日素振りをし、コースにも何度も行って、無意識で自然に打ってボールを前に飛ばしている、でも、まだまだパーで回るには先が長い状態ですね。

多くの人は第3段階で停滞していることがよくありますし、いくつかの能力は第2段階どまりですし、第1段階の能力もあります。グラッドウェル氏の著書、「アウトライヤー」で紹介されたように、無意識で完璧な行動を常に行えるマスターレベルになるには1万時間かかるなどかなりの時間が必要となるものをありますが、それは現場での実践を通して行うもので、研修でそこまで行うところはないでしょう。

ただし、研修プログラムを開発するときは参加者の現在の段階、研修で目標とすべき段階、そして研修の最中に第

〔図表16　学習の4段階〕

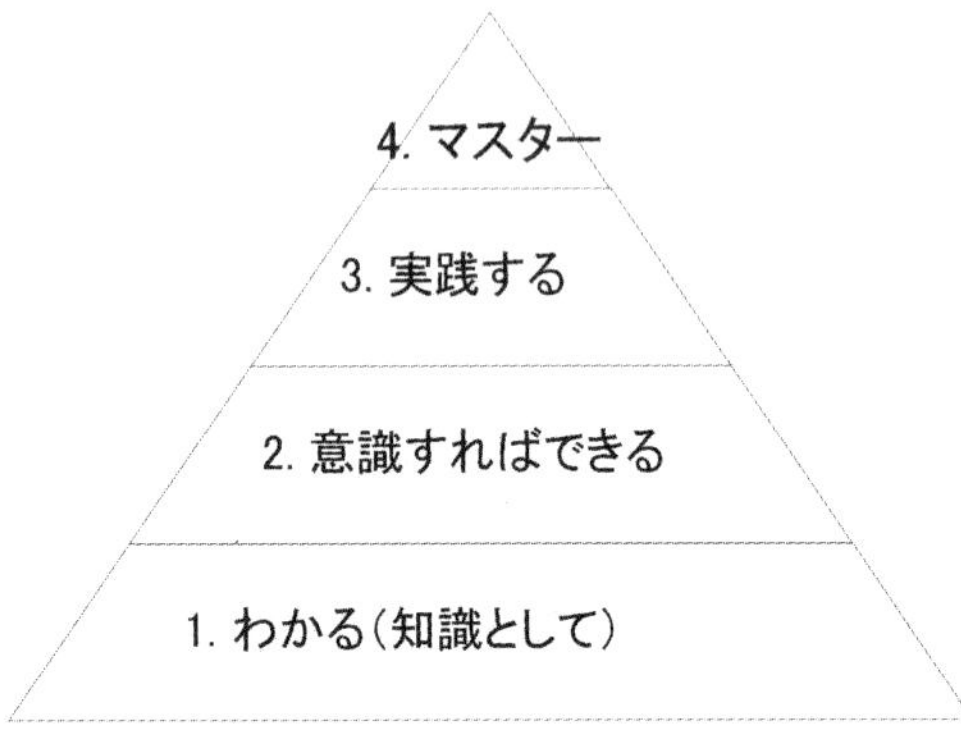

３段階付近まで能力アップを図るための道筋と手法を考えて設計してほしいと思います。

自己決定理論を活用する

パフォーマンス（成果）の要因でコミットメントの重要性を紹介しましたが、研修参加者にコミットをしてもらうしくみを研修プログラムに取り入れておくのは大切です。心理学者デシーとライアンの提唱した「自己決定理論」にあるように、人は自分で決めたことにコミットし、労力を使い、達成しようとします。

研修に参加者を単に推薦して送り込むのでは、モチベーションもコミットメントも希薄な状況を生む可能性があります。送り出す側のコミットメントも重要ですが、それ以上に本人の意思が重要です。ですので、人材開発プログラムの設計の際、該当するターゲット参加者がその研修プログラムの本人にとっての意義、得られること、その後のアサインメントへの影響などを理解したうえで本人の意思で決定できるようなながれをつくっておくのは重要です。

例えば、研修に参加する社員が研修の前に、研修参加の目標と現場での学びの活用方法を考えること、そして、それを上司とすり合わせることにより、自らの参加への意思はより強化なものになるのです。学びの活用状況を具体的にすることにより、本人の学習意欲や参画意欲を高めるだけでなく、研修中においても、学びをどのように現場で活用するのかが明確になっているので、アクションプランもより具体的なものが作成でき、成果につながりやすくなります。

【秘訣17】新入社員研修をオンボーディング・プログラムに変える

オリエンテーションとは

オリエンテーションはおそらく殆どの会社で入社後最初に行う活動でしょう。学生から社会人に、また、A企業からB企業に、と新たな世界に入ってで第1日目のスタートです。オリエンテーションの動詞、オリエントは方向や位置を合わせるという意味ですが、オリエンテーションは新たな世界に心身を適合させるための重要な活動です。

オリエンテーションの基本的な目的は3つあります。①会社のことをしっかり理解してもらうこと、②期待されていることを明確にすること、③この会社で共に貢献したいという気持ちをさらに強化することです。①はたいていの会社でできていると思いますが、②と③はいかがでしょうか？会社のことをより理解することと共に、会社での働き方・生き方が分かること、そして、歓待されていることを感じてることができれば、よいスタートを切れます。

これは新卒採用組に関わらず中途採用の方にも当てはまります。たまに、中途採用主体の会社で中途採用の社員に対するオリエンテーションが殆どなされていないところを見受けますが、これは新たに入られた方にも会社側にも効果的ではありません。既に社会人経験があるのだから不要だと思われているのでしょう。会社がことなれば文化も異なりますので、新たな会社の企業文化や期待値をオリエントすることは必要です。

様々な会社でワークショップや研修を行っていますが、ＥＱの低いマネージャーの方や躾けのされていないメンバーの方を見ることが時々あります。これは、経営理念がないのか、企業理念をキチンとオリエントされていないのか、どちらかでしょう。中途採用の多くの方は、業務経験のある方なので、内容と長さは短縮できますが、エッセンスの刷り込みは重要です。

単にオリエンテーションや導入教育ではなく、オンボーディングが大切です。オンボーディングはオリエンテーションや全体研修の後、配属先に行って歓迎され、仕事と研修を通して業務を覚えていくプロセスです。つまり、配属先で業務を始めるだけではなく、業務プロセスと専門能力も身につけ、その道のプロとしてのマインドを整えていくことができるようにしておくことが重要です。

これはラインの仕事ですが、人事としては、部門間でオンボーディングの体制やあり方に一貫性を持たせるように、しくみ創りをする必要があります。オンボーディングを部門に任せっぱなしでいると、必ず、成長している新入社員ばかりの部門とそうでない部門が出てきます。

会社理解、期待値の理解、期待感の高揚、３つともできていれば、意義あるオリエンテーションです。効果的な働き方・プロセス・能力が身につけば、よいオンボーディングです。

会社のビジネスのしくみを理解する

殆どの新入社員は会社のことに関して就職活動の際にある程度理解されているはずです。会社のホームページを隅から隅まで読んだり、アニュアル・レポートを読んだり、ＳＮＳから調べたりと熱心に調べている人もいますが、そこまできちんと理解せずに入社している人もいますので、会社に関して改めてきちんと理解できるよう、深めの会社紹介が必要です。

企業理念にある、会社のミッションやビジョンの紹介は不可欠です。創業者の想いや重要な価値観、創業時のエピソードを含めたほうがよいと思います。そして、どのような業界なのか、業界で勝ち抜くためにどのような戦略でビジネスを創っているのか、自社製品やサービスの強みや特長は何か、競合との差別要因は何か、などは社員全員の知るべきことです。

そして戦略の実行、ビジネスの運用において、どのような部門がどのように機能し、協働を図っているのかを学ぶことも重要です。この全体像が理解できていると、関連部署とのかかわり方もより把握できますので、仕事をより円滑に進めやすくなります。

ありたい人材像を明確にする

リクルーティング活動の際、企業理念やありたい人材像を紹介していると思いますが、入社後最初のオリエンテーションから、改めて会社に必要な人材像を明確にするのは大切なことです。もう既に忘れている人もいるでしょうし、もともとあまり刷り込まれていなかった人もいるでしょうから、きちんと全員に対して同じメッセージを発信することは必要です。

１００年以上続く優良企業のオリエンテーションでは、企業の歴史や使命、企業戦略、商品説明だけでなく、企業理念と価値観、期待される人材像、ビジネスと育成に関する行動原則、してほしいこと・してはならないことを説明しています。

これにより全社員が期待される心構えと行動を理解し、実践することが可能になります。社員の重要なライフスタイル変換時、企業におけるこの最初の数日間をどう使うかで、社員の行動と成長に大きな差ができます。

企業文化の基盤となるマインドを身につける

企業文化とはその企業でよく見られる行動や言動、物の見方や考え方などのパターンです。個人主義なのか、周りと協働するのか、自部門中心に考えるのか、組織全体を包括的に考えるのか、会社中心なのか、顧客志向なのか、悲観的なのか、楽観的なのか、現状維持型なのか、変革型なのか、など様々な行動や言動のパターンがありますが、皆さんの組織はどのような言動が特徴的なのでしょうか?

前述した、「能力＝知識　×　スキル　×　姿勢」ですが、姿勢がスキル（行動）に大きな影響を与えます。つまり、企業文化を示す、人の行動・言動とはその人のマインドや姿勢で大きく左右されるものです。ありたい姿や行動原則を伝えることで、会社にとって重要な価値観と姿勢を頭では理解してもらえるかもしれませんが、多くの場合、まだ心まで届いていません。

必要なマインドを体感してもらうには、グループワークやロールプレーを行って、必要な考え方や姿勢が求める行動を実践してもらうことが重要です。シナリオやケーススタディで設定された状況でどのように行動するかをグループワークで決めて発表する、なども自身の現状やありたい姿勢の理解につながりますので、アクティビティを通してマインドを学んでもらうことをおすすめします。

求められる能力を把握する

採用で活用した判断軸となる「全社員に求められる能力」を理解してもらいましょう。部門に関わらず、具体的にどのような能力がビジネスと組織を回す上で重要なのか、文書で示します。そして、それらの能力が、会社のミッションの達成に向けて戦略を実行する上でどのように必要になるのか、また、会社の価値観にどのように結びついているのかを腹落ちできるように紹介することが重要です。

参考までに、CレベルやシニアレベルのリーダーIに対するグローバル調査で判明した、成果を出すリーダーに必要な5つの領域の能力をご紹介します。

- 問題解決力（課題や機会を発見し、解決策を導き出す能力）
- 結果創出力（高い目標を設定し、逆風が来ても成果を達成する能力）
- 対人力（関係を築き、動機づけし、影響を与え、チームを創る力）
- 変革力（新たな構想を明確にし、メンバーを巻き込んで変革を起こす能力）
- 高潔さ（常に正しいことを正しく行う能力）

多くの会社ではこれに近いような能力軸を設定されていること思いますが、これらがすべて網羅されていることが重要ですので、確認してみてください。

新たな社員が会社に入ってすぐ必要となる基本能力を理解することは、本人の意識づけのためにたいへん効果的です。意識されないことには関心も得られず、多くの場合、能力強化をしたいという気持ちにもならないことにつながります。社員全員に求められるマインドと共に、必要な能力は会社のＯＳのです。ＯＳの設定は早く行うことが肝心ですね。

【秘訣18】新入社員を伸ばし、離職を防ぐための最重要な施策

早期退職の原因の１つは受け入れる部門に課題

ほとんどの新入社員の方は、会社の目的や使命が心に響き、入社し、日々頑張るのではないでしょうか（万が一そうでなければ、それは採用ミスです）。ところが、途中でその気持ちが薄れ、離職していく方も出てきます。よく言われる、新人の３割は３～６か月で辞めていく、というものです。何が原因なのでしょうか？

第1の原因は採用ミスです。これは、リクルーティング活動を行っている際、会社の本当の姿を伝えなかったこと、または、応募者の会社へのマッチングを確認していなかった、などが原因となっています。２番目によくある原因は、配属された部門やチームが配属された新入社員を適切に受け

入れていなかったということです。

会社に入って、オリエンテーションや導入教育が終わり、配属先を訪れたとき、チーム全員から笑顔で歓待してもらえることは、新人でなくても嬉しいものです。逆に、配属先を訪れ、自分の席に案内され、上司に紹介されたあと、上司からチームの紹介と業務内容の説明を受けるだけで、チーム全体での歓迎などなく、シーンとしたものですと、配属初日からあまり感激のないものになってしまいます。

仕事仕事と業務のことばかり事務連絡的に紹介されるだけですと、チームとの人間的なつながりも感じられず、淡々と仕事に打ち込むしかない、という状態になってきませんか？　人間は社会的な生き物ですので、チーム内で互いを知り合う機会、効果的に協働する機会は大切です。

コロナ禍で在宅勤務になったときでも、オンラインを使って、チーム内でミーティングは行えます。このときに、仕事だけでなく、チーム内の相互理解を図る自己紹介をしたり、チーム内でオンライン・ランチをしたりするだけで、チームワークの基盤となる関係性もできてきます。新人に対しては、他のメンバー以上に日々、コミュニケーションを図り、状況や課題、ニーズを聞き出しながら、それに応えていくことで、新人も安心感と共にチームに対する愛着心も湧いてくることでしょう。

第1印象は重要ですし、後々まで尾を引きます。始めが大切ですので、配属先のマネージャーに対し、彼らへの期待値とやることをキチンとすり合わせをしておくことをおすすめします。新入りのメンバーを上司とチーム全員で歓待し、相互理解を図ることはよいチームを築く第一歩です。

新入社員はベストなマネージャーの下につける

皆さんの会社では、どのような上司を新入社員につけていますか？

新入社員にはすばらしいマネージャーをつけるのが配属の基本です。「子供は親の言うことではなくやることを見て育つ」と言われるように、人は言われたことをまねるのではなく、基本的には、見たことをまねるのです。つまり、上司や先輩が行っていることを職場での基本的な行動、または、慣習として身につけていきます。

すばらしいスーパー・マネージャーとは業務遂行能力がすばらしいだけでなく、部下育成能力にもたいへん長けています。業務パフォーマンスが高く、数字を稼ぎ、業績をドンドン高めるだけの人は仕事におけるスーパー・パフォーマーですが、スーパー・マネージャーではありません。メンバー育成ができ、チームワークを築ける人がスーパー・マネージャーなのです。

スーパー・マネージャーの下についた部下はたいていグングン伸びていきます。逆に、パッとしない上司につくとパッとしない部下になっていく可能性が高いのです。生きのよい魚を買ってきても、常温のところで放っておくと、新鮮な刺身になりません。努力して、ようやく手に入れた金の卵である新入社員を効果的に成長させるには、ベスト・マネージャーの下につけてください。新入社員の配置の鉄則です。

過去３年間に入った社員の方のその後の成長度合いを担当した上司ごとに分析し、上司のとった社員に好影響を与えている行動や習慣とそうでない行動を確認してみてはいかがでしょうか。

基本を身につけるプロジェクトを任せる

新入社員にはどのような仕事を任せているのでしょうか？

先にも触れましたが、私たちは仕事を通して成長していきます。そして、何事においても、最初が肝心です。時々、日本の会社で見られる光景は、新卒採用の新入社員の多くが事務的な業務をさせられていることです。入って早々、事務作業ばかりしていると、その人には事務的な仕事モードが形成されていきます。これは宝の持ち腐れです。

人間の学習曲線は急カーブで登っていきます。たいていの仕事は数日、数週間で学び、こなしていくようになります。スポンジのように早く吸収できるモードの新入社員には、頭を使い、技を磨けるような仕事、即ち、成長させる仕事やプロジェクトを任せましょう。

例えば、1社目の3か月新入社員研修と試用期間が完了した後、私はマーケティング部門の風邪関連商品チームに配属されましたが、そのときに任された仕事は、ヴイックス・ドロップなどのマーケティング・サポートの運営業務と手続以外に、新商品の開発でした。前者の業務は、マーケティングの運営の基本を学ぶために重要でしたが、後者は新商品の開発の流れや基本となる商品コンセプトをつくる、消費者テストを行う、コンセプトに合った製品をR＆Dと開発する、などを学び、最初の1年である程度基本を身につけることができました。また、やることが新らしいことばかりでしたし、成長できるので、ワクワク・モードで、成長できたと思います。

新人には、是非、基本を身につけ、成長させる業務を任せてください。成長の要因、70－20－10

の70であるチャレンジングな仕事が体験でき、仕事の仕方を学び、更に、エンゲージメントも高めることができます。メンバーは成長していくのでハッピー、チームも業務が軽減されハッピー、上司もチームが成長していくのでハッピー。ハッピーなチームができることでしょう。

ＯＳの基盤を創る

「求められる能力の把握はオリエンテーションで行うことが効果的」という話をしましたが、聞いただけで学ぶ方はほとんどいません。ですので、それらの能力を入社後早い段階で学んでもらうことが重要です。

例えば、人事研修担当になってから私が始めたのは、「入社18か月以内に全新入社員は５つの研修プログラムを受講する」ということでした。その頃、社内で基本能力にバラツキがあり、私としては、全部門の新入社員が同じＯＳを身につけてもらいたかったので、役員／部門長に提案し、承諾してもらいました。

18か月としているのは、業務を通してでないとせっかく学んでも、実践できず、学びの成果がゼロになる可能性が高いからです。車の免許をとっても数年間全く車を運転しなかったら、運転能力が落ちているのと同じです。研修の開始はある程度仕事を回している入社６か月以降で、18か月以内にすべて完了するように、各部門の育成担当の方に回してもらっていました（部門の育成担当といってもほとんどの人は育成のみの担当ではなく、部門の通常業務に加えて、部門内の人事や育成関連の責任を担っているというものでした）。

参考までに、その当時の必須の研修は、「タイム・マネジメント」、「文書の書き方」、「顧客満足につながる問題解決」、「プレゼンテーション」などがありました。タイム・マネジメントは忙しい社会人にとって大変重要です。これは正しいゴール設定を行う、優先順位をつけることができる、効果的に、かつ、効率よく、物事を進めるための基盤となるので、早めに受講してもらうプログラムでした。効果的な時間管理はワーク・ライフ・バランスの向上に直結します。

また、「文書の書き方」も「タイム・マネジメント」と同様に重要なのです。なぜなら、人間は話す前に、考えて話す内容とながれを決めます。効果的に説明や提案をできない人は、効果的な文章を書けません。つまり、書くことは、「分析する力、判断する力、何をどのように伝えるのかを考える力」を鍛える、効果的に仕事をするために重要な能力だからです。

これら以外に、全世界で共通の新入社員プログラムがありました。私もアジアを代表してこの「P&Gカレッジ」というプログラムの開発を行いましたが、社員に求められる能力を理解し体験できるアクティビティに重心を置いたものです。リーダーシップや戦略的思考も新入社員プログラムの中に入っていましたが、これらも重要な社員のOSなので入社早々にその重要性と活用のポイントを理解してもらっていました。

社員全員が自らPDCAを回し、協働して成果を出す「自走する組織」への関心が高まっていますが、そのためには、自ら考え、正しく判断し、行動する能力を修得することが不可欠です。

メンターをつける

新人の育成をすることは上司の役割です。業務で困ったときの相談にのるのも上司です。只、仕事に関して第3者的な観点、または、会社を俯瞰しての観点を聞きたいときには上司は不向きなこともあるかもしれません。そういった際に相談することができるのがメンターです。メンター・プログラムを持っている欧米の企業は数多くあり、社員のエンゲージメントを高め、離職を軽減する効果を感じています。

メンターとなる人は通常、別の部門で、自分より職位の高い人で、2ランク上の人とする会社もよくあります。部門が異なることにより、別の視点が聞けますし、ランクが上ですので、より幅広い視点を学べるのです。社内での立ち回り方、社外との交渉に関して、自身の将来に関して、また、個人的な質問など様々な内容が話されます。

もちろん、上司とそのような会話ができるのであれば、それはそれで問題ありませんが、相談する相手は複数いる方がより包括的な視点を理解できますので、多くの場合、社員の成長の促進につながります。病気の際の担当医以外に、セカンドオピニオン、サード・オピニオンを聞くことが有用なのと同様ですね。

新入社員をベスト・マネージャーの下につける、という話をしましたが、メンターも同じで、単に別つの部門の2ランク上の方というだけでなく、やはり、仕事の経験が豊富で、視野の広い方、また、偏見の少ない方をつけることが重要です。

【秘訣19】 将来のリーダーを育成する

リーダーは組織の全レベルに

先述のCCLもSHRMも含めて、グローバルで言われていることは、「会社の全レベルにリーダーを育成する」ということです。会社に5階層あれば、5階層すべてにリーダーシップをとれる人がいるということです。全レベルに、随所にリーダー、または、リーダー予備軍がいるので、要員計画も後継者育成計画もつくりやすくなるのです。

皆さんの会社では、新入社員研修の完了後、マネージャーになるまでの間どのような育成プログラムを提供されていますでしょうか？

大きな会社では、研修の内製化を図り、いろいろな能力開発のための研修プログラムを提供していることでしょう。そうでない会社は、外部セミナーや研修に参加させてリーダー予備軍を育成していることでしょうか。

ここでの重要なポイントは、それらのプログラムを完了していれば、着実に、リーダー予備軍になっているかどうかです。つまり、マネージャーになる前に、基本スキル、専門能力、そして、関係構築力や影響力が発揮でき、関係者をリードしてプロジェクトを進めることができるようになっていることです。マネージャーになってから、または、近づいてから、リーダーシップや対人スキルをつけるのでは遅すぎますし、リーダーシップも対人力も発揮できない上司の下についたメンバーはやる気も落とすし、多くの場合、パフォーマンスも伸ばせません。

成長の地図を描く

有意義な旅行をするには、目的、目的地、達成したいことを明確にし、ゴール達成までにどのような経路で、何を体験しながら前進するのかの道のりを明確にしてしていると思います。社員の成長も同様です。将来どのようになりたいのか、何を達成したいのか、そのために何をすべきなのかを明確にしておくと、その人は効果的に目標に向かって前進していきます。

実際、米国ハーバード大学の研究調査で、ある学年の卒業生の３％が大成功を収めていたのですが、その人たちの共通項目は卒業時点で将来の構想、つまり、何を達成したいのかが明確にあったということが判明したのです。ゴールは計画を明確にし、具体的になった計画は、着実に実行され、目標は達成されるのです。

ということで、地図を描くにはまず目標が必要です。残念ながら、自身のゴールや将来像を明確に持っていない社員はかなりいるのです。目標は、入社当初から考えてもらったほうが効果的です。ちなみに、先に紹介した新人へのタイム・マネジメント研修の中では、参加者に将来像を描いてもらっていました。自己決定理論にあるように、自分で将来こうありたいという自分の将来の姿を考えてもらうことは、本人の今後の成長へのコミットメントを形成するには効果的です。ありたい自分の姿が明確になれば、その達成のためにすべきことが明確になり、実行していきます。

これをキャリア・デベロップメント・プランで行っている会社は多いかと思います。多くの場合、次のステップまでを話されているのですが、とっかかりとして長期的に自分の将来を考える対話をすることをおすすめします。

例えば、10年後に部門長になっていたい、そうであれば、そこに到達するまでに、どのような業務を体験し、どのような能力を身につけながら、何を達成しているべきなのかを、長期的で幅広い観点から考えてもらうのは、その人の人生を効率よく有益なものにするために役立ちます。会社内や部門のキャリア・パスがあるのであれば、それを活用して、自身の将来像や今後のそこに向けたステップを考えてもらえます。

長期的に考えることにより、どのような成果、経験、能力が必要になるのかを把握できます。

〔図表17　成長の地図（キャリア・パス・プラン）の例〕

職位	担当/役割	主要業務	必要な能力	備考
ディレクター	・XX事業部	・XXXXXX ・XXXXX ・XXX	・XXXXXX ・XXXXX ・XXX	・XXXXXX ・XXXXX ・XXX
シニア・マネージャー	・マーケティング	・XXXXXX ・XXXXX ・XXX	・XXXXXX ・XXXXX ・XXX	・XXXXXX ・XXXXX ・XXX
マネージャー	・販売企画	・XXXXXX ・XXXXX ・XXX	・XXXXXX ・XXXXX ・XXX	・XXXXXX ・XXXXX ・XXX
スペシャリスト	・営業	・XXXXXX ・XXXXX ・XXX	・XXXXXX ・XXXXX ・XXX	・XXXXXX ・XXXXX ・XXX

リーダーシップを身につける、成長させるプロジェクトを任せる

前述しましたように、私たちの成長の７割は業務からです。新人には基本を身につける仕事を任せるですが、中堅社員には、チャレンジ度合いがより高い仕事を任せることが重要です。筋トレと同じく、負荷の少ないトレーニングを続けていても筋肉がつかないと同様、負荷の少ない仕事を続けていては、能力は伸びません。

例えば、同じ、または、同じような業務をずっと続けていては能力アップにつながりません。しかも、それが続くと、仕事がマンネリ化してきて、意欲が下がってくる、エンゲージメントも下がってくる、という悪循環に入っていきます。

先にも紹介したように、負荷のより高い仕事、その人のキャパシティを上回る業務、または、新しいプロジェクト、新しい役割を任せることが、社員の成長を促進し、能力のステップアップが図れます。人はそれぞれ経験も能力も資質も異なり、チャレンジに対する反応や耐性も異なりますので、負荷の度合いやチャレンジング度合いは、個々人に合わせて設定することが重要です。

リーダーシップを求められるチャレンジ性の度合いの高い体験、例えば、会社で初めての領域のプロジェクトの立ち上げ、重要だが困難な顧客に対するプロジェクトなど、はいろいろな局面で、社員に必要なＯＳとなる基本能力をストレッチしてくれる新たな体験を生み出してくれます。それらの体験の多くは顧客やパートナー、また、関係部署のメンバーを巻き込み、プロジェクトをリードすることを必要とするものですので、周りを巻き込む能力、リードする能力を養ってくれます。

例えば、私も入社3年目以降は、マーケティング部門で、赤字商品を黒字化する、大衆薬の商品のポスターを病院に貼ってもらう、代理店を切る、などの体験、また、ローテーションで2年ほど工場の購買部に異動していましたが、ここでも、買収したブランドの生産管理も任せられるなどの新たな体験により、他部署や関係者を巻き込んでプロジェクトをリードする力を伸ばすことができました。私は2年以上続けて同じプロジェクトをしたことがなく、変化や新しいことをすることが重要な動機づけ要因となっています。

成長させる業務を毎年体験することは、社員のプロフェッショナルとしての成長と将来のリーダーとしての成長を着実に促進しますし、また、業務や会社に対するエンゲージメントを高めてくれますので、是非、人材開発のしくみとして取り入れることをおすすめします。

基本を身につけさせる

書道でも武道でも、学びの世界では、「守破離」の原則があります。「守」は基本、例えば、書道ですと、楷書です。「破」は応用、書道ですと、行書です。「離」は匠の領域である独創性ですが、基本に基づいているもので、書道では草書です。

仕事の世界でも、まず、基本を徹底的に学ぶことから始まります。まずい上司は応用技や裏技ばかり教える、または見せるので、部下は基本がわからないまま業務をこなしていることがあります。これはミスを起こす元ですし、問題が起きたときに対応できなくなることがよくあります。ということで、社員は基本の重要性とその本質を理解できるようにしておかなくてはなりません。もちろん、上司は基本を教え、基本とする行動をとることが重要です。

ですから、業務においても基本を覚えるのに最適な業務を先に担当してもらい、それができるようになってから、応用版を必要とする高度な業務と担当してもらう、という順番が大切です。例えば、マーケティングの基本は製品やビジネスの理解、顧客や市場、競合の理解などと共に、生産・出荷・在庫の理解もあります。これらは新人の役割の一部であり、これができるようになり、より高度な役割を担っていき、次第に戦略を創れるように成長していきます。

守破離のコンセプトは前述の成長の地図にも取り入れると効果的です。

ＯＪＴとＯｆｆ−ＪＴはセットで行う

「我が社では、ＯＪＴが基本的育成手段」、としている会社がありますが、ＯＪＴは名ばかりで、実際は社員が放っておかれているということがよくあります。ＯＪＴが機能するためには、上司がＯＪＴのあり方と実践の仕方、また育成の基本を理解していることが不可欠です。また、「測定されることは達成される」ので、ＯＪＴの実行度合いも評価すれば、実践されますが、そうでない場合は運用されない可能性が広がります。

新たなスキルや行動は現場での実践の前に基本を教えたほうが効果的な場合が多いです。効率性を考えると、対象者がある程度増えてくると、ＯＪＴの前に、Ｏｆｆ—ＪＴ、つまり、集合研修を先にやったほうが育成時間の短縮になります。つまり、あるスキルを学ばせるのに、いくつかのチームのマネージャーが2～3人の部下を個別に教えるよりも、集合研修で全員に対して、基本原則や理論、業務の成功要因、具体的な遂行の仕方、などを一堂に会して1人のマネージャーが教育したほうが、効率的ですし、上司によるコミュニケーションミスや伝わり方の相違を軽減できます。ただし、現場での実践やＯＪＴを行うことは上司の役割です。

例えば、マーケティング部門の研修ですが、中堅社員に広告の成功要因と評価方法をＯｆｆ―ＪＴ（研修）で全対象者に学んでもらい、それを現場で実践するということを行います。そして、広告代理店からの広告の提案の際に、まず、広告評価の研修受講者に広告の評価を実践させます。ミーティング後、上司は、彼らの評価に対するフィードバックとコーチングをします。

効果的にＯＪＴを行う、また、Ｏｆｆ―ＪＴの後にＯＪＴを行い、上司が確実に学びを現場で実践させる、そして、フィードバックとコーチングによりメンバーの成長を支援する、という流れを行えるようにしくみを創ることが大切です。

効果的なローテーション

「我が社では、ローテーションにより幅広い業務知識と能力を養っている」、所謂、10年間で３つの業務を経験させ、30代で最終的専門業務に就き、そこで専門性に磨きをかける従来の日本式人材育成のアプローチをとっているところも大きな会社ではまだまだあります。ローテーション自体は、幅広い学びの観点から有用なことです。

ただし、よく見られるこの方法の課題は、長期的視野に立って計画を立てていないことが多く、そして、各々の業務でプロに育っていないこと、などがあります。

その社員の必要な能力開発に効果的な部署への異動が重要です。そして、ジェネラリストを増やすだけではなく、異動した部門での専門性を高め、どこに行っても活躍できるプロフェッショナルになってもらうことが本人の将来の成功につながります。例えば、元Ｐ＆Ｇアジア最高責任者の桐山一憲氏は営業出身ですが、途中、カナダでマーケティング部門を経験して、専門領域を拡げながらプロフェッショナルとして成長されています。

社員の長期的なプロフェッショナルとしての成長を目指して計画したローテーションは社員にとっても会社にとっても有益です。ローテーションのしくみを採用している会社では是非、ご一考いただければ、と思います。

成長し続ける会社には全階層にリーダーシップを発揮できる人がいます。その実現のためには、入社当時から将来のリーダー予備軍をつくり始めることが効果的です。その実現のための一番効果的な方法は、社員にリーダーシップが必要となるチャレンジングな業務を継続的に体験させることです。

それを成功させるには、本人が将来のゴール、そこへの到達の道筋をイメージする、必要な能力をＯＪＴとＯｆｆ―ＪＴ、また、ローテーションで身につけることが重要です。当然、上司やメンターが適時にフィードバックやコーチングを行うことにより、効果的にリーダーへと成長していきます。

【秘訣20】ビジネスも組織も伸ばすマネージャーを育成する

マネージャーの使命と役割を明確にする

会社の経営方針（ミッション、ビジョン、価値観、戦略など）を明確にするのは、経営者、または、経営陣の役割ですが、マネージャーの役割は何でしょうか？　皆さんの組織ではマネージャーの使命や役割をどのように定義づけていますか？

まずは、マネージャの使命ですが、「自らの組織やチームのビジョンとゴールを達成すること」です。自分の夢や野望を成し遂げることではありません。組織全体のことを考え、何を達成すべきなのか、明確なゴールとゴール達成の戦略を考え、戦略実行計画を推進し、達成することが必要となります。

マネージャーの使命を達成するために、遂行すべき役割は「業績向上」、「部下育成」、「組織力の強化」を行うことです。この3つの要素は掛け算の関係です。つまり、どれ1つ欠けてもマネージャーとしては失格です。ところが、大多数のマネージャーは、「業績向上」には長けていますが、「部下育成」と「組織力の強化」があまりできていません。

考えられる理由は、業績向上に焦点が当たりすぎている企業文化、部下を育成するスキルやチーム力を高めるスキルが学ばれていない、評価の際に部下育成や組織力強化に関する評価軸がない、などがありますが、対処方法はこの後で紹介します。

組織の業績をどれだけ伸ばすかはマネージャー次第

２０００年からグローバルで行っているギャラップ社のエンゲージメント調査で判明していることは、「生産性の高さは、社員のエンゲージメントの高さに正比例している（エンゲージメントが上がれば、生産性は上がり、エンゲージメントが下がれば生産性も下がる）」です。そして、社員のエンゲージメントに一番多大な影響を与えているのは、上司、マネージャーという調査結果も報告されています。

社員のエンゲージを高める要因と離職の要因には一貫性があります。グローバル調査が示唆する、「会社で頑張って貢献しようと感じさせる要因」のトップ３は次の通りです。

(1)　やりがいを感じる仕事
(2)　支援してくれる上司
(3)　成長実感がある

これらの要因に一番影響を与えるのは誰でしょうか？　上司ですね。やりがいを感じさせる仕事を任せているのか、メンバーをケアし、支援しているのか、成長しているという実感を持たせているのか、すべて上司ができる、また、すべきことです。

マネージャーの役割は「業績向上」、「部下育成」、「組織力の強化」ですが、皆さんの会社のマネージャーの方はどこに力を注いでいますか？　そして、各々の役割をどの程度果たしていますか？　多くの調査が示していますが、ほとんどのマネージャーは「業績向上」に最大の努力を払って達成を図っています。

対して、「部下育成」と「組織力の強化」には十分に注力できていません。その結果として、社員がしっかりと期待通りに成長していない、チームワークが機能していない、生産性が伸びない、エンゲージメントが下がっている、できる社員の離職が出ている、業績が落ちている、という事象が出てきます。

つまり、会社を成長させるには、マネージャーの強化が最重要なのです。なお、２０２２年のギャラップ社の調査報告では、コロナ禍前、オフィスで仕事をしてた頃に普通の成果を出していたマネージャーは、対面でのコミュニケーションのとりにくい在宅勤務の状況ではチームやメンバーの支援がうまくできず、業績を落とす傾向にある、ということです。マネージャーの育成開発がさらに重要になっているのです。

マネージャーを強化するために最重要な指標としくみ

「採用ミスは最大の人事的なミス」とお話ししましたが、「よくないマネージャーを放っておく」、また、「できない社員をマネージャーにする」ということも重大な人事的なミスです。よくないマネージャーを放っておくと、次第にチームが崩壊していきます。また、できないマネージャーのよくない行動が組織内に増えていきます。

マネージャーが正しい成果を出すためには、彼らの行動の変革が必要です。行動の変革はマインド（意識と姿勢）の変革が不可欠です。これまで業績向上や数字の達成に意識の７〜８割向けていた人が意識をもっとメンバー育成やチーム力の強化に向けるために何が必要なのでしょうか？

部下育成やチーム力の強化がマネージャーに必須の役割ということが認識されることが必要です。マネージャーの使命と役割が組織内に浸透されるには何が必要でしょうか？「社員は会社の重要な資産」、そして、「育成はマネージャーの役割」と言葉で言うところで終わっている会社はまだまだ多いのです。マネージャーの役割と責任が明文化されていること、そして、それを周知させることは不可欠です。

役割を明文化し、周知するだけでは、意識は変わりません。それを実践させるしくみが必要です。マネージャーがどの程度「部下育成」や「チーム力強化」を実行しているかを測定し、評価するしくみがあれば、マネージャーの意識が変わり、行動が変わり、実践され、達成されていきます。「測定されるものは達成される」ということです。

ある会社の経営理念にはマネージャーの役割が明記されていました。「当社のマネージャーは、部下を育てるという点での実績に基づいて評価される」です。この原則の実践されるしくみですが、実際に、マネージャーの評価は、当時、業績に50％、部下育成／チーム力強化に50％で行われていました。つまり、いくら数字を出して業績を高めても、部下が成長できていない、チームがバラバラだと、標準以下の評価になります。

マインドが変わらなければ、行動は変わらないので成果も変わりません。研修やトレーニングでマインドは変わることはあまりありません。マインドが変わるには、その目的と行動の意義が体験を通して腹落ちすること、そして、実践を通して、新たなマインドを基にした行動が習慣化されることが必要です。

皆さんの組織のマネージャーはどの程度マネージャーの使命と役割が腹落ちされているでしょうか？　まだまだであるのであれば、研修を提供する前に真の使命と役割、そして期待する成果を明文化することが大切です。そして、彼らの役割行動である業績向上と育成、チームワークづくりの行動の実践度合いとその成果を測り、それに応じて、評価行うしくみを築くことをおすすめします。

必要な能力を認識させ、実践させる

業績向上、部下育成、組織力の強化をバランスよく行える能力を鍛えなくてはなりませんが、皆さんの組織ではどの役割行動をより鍛える必要があるのでしょうか？　多くの会社では、業績を伸ばす人をマネージャーにしていることが多いので、業績向上の行動、例えば、先に挙げた5つのプロフェッショナルの能力の「課題解決力」、そして、「結果創出力」はまあまあできているようです。

前述したリーダー、また、プロフェッショナルに必要なの５つの能力群を特定した、グローバルでのリーダーシップ研究では、「途中から失墜していくリーダーの特長」も把握しています。彼らの特長は次の通りです。

- 学ばない（失敗に気づかず、同じ失敗をする）
- 関係構築ができない（関係づくりをしない、または、広げない）
- 異なるアイデアにオープンでない（人の意見を受け付けない）
- イニシアティブをとらない（自分から新たなことを起こさない）
- 結果責任をもたない（悪い結果を他責にする）

これらの特徴が示しているのは、「対人能力」が特に欠けていること、次いで、「変革力」が弱いということです。しかし、多くの場合本人は自身の弱みをしっかりと認識していないのです。そうなってしまう2つの大きな理由ですが、①成功体験が邪魔をしてある特定の物の見方と行動を築いていること、そして、②周りからのフィードバックが少ないことが起因していることが多々あります。

認識できないことには着手しません。また、腹落ちしないと、新たな行動はとりません。マネージャーに気づきを与える一番効果的な方法の1つに、多面フィードバックがあります。メンバーから、同僚から、また、他の関係者からマネージャーに対するフィードバックをもらい、それを基に本人が自身の行動の現状、強み、そして強化改善すべき点を見つけることが必要です。自分の変革ポイントが認識して、行動を変えたいという感情を湧かせることが大切です。

マネージャーの能力が伸びないのはその上司の問題です。ですから、上司は評価面談では、業績だけでなく、マインド・行動・能力に関してフィードバックし、課題となる行動とその強化策をすり合わせを行うことが不可欠です。フィードバックをより客観的に行うには、多面フィードバックのデータは重要ですし、効果的です。

必要な能力を強化する

強化変革ポイントが明確になり、認識されれば、その行動と能力を強化しなくてはなりませんが、皆さんの組織ではどのようにマネージャーに必要とされる能力を強化していますか？　即、研修やワークショップに参加させて、必要なマインドと行動を学ばせる、ということを行っていることが多いのではないでしょうか？

先に紹介した70－20－10の法則を基にすると、何が重要な活動でしょうか？　戦略的な物事の進め方としては、最初に効果と重要度の高いことから始めますね。そう、まずは成長の70％の要因となるチャレンジングな業務に結び付けて必要な能力強化に取り掛かることが重要です。

今ある業務で能力強化が可能であればそれでも結構ですし、必要に応じて新たなプロジェクトに取り組んでもらうのでも結構です。業務を通しての能力強化で必ず考慮すべき効果的なアプローチがあります。その人の強化すべき行動／能力とその人が既に強みとして持っている行動／能力をどちらも必要とするプロジェクトを選ぶことです。このメリットは、そのプロジェクトの遂行を通して、強みも強化され、弱みも強化改善されるのです。

例えば、分析や問題解決策を作成するなどの課題解決力が高いのですが、関係構築や影響力などの対人能力に欠けるマネージャーに対しては、関連部署や外部パートナーを巻き込み、問題解決を図ったり、新たなプロジェクトを立ち上げたりするようなプロジェクトを担当してもらうことが強みを伸ばし、弱みを改善するのに効果的です。

強みを活かし、課題を克服させるために、業務自体以外に、最適な環境を与えることも重要です。例えば、前職でのケースですが、強い結果志向を持ちトップダウンで物事を達成していくが、人の意見をあまり聞かないマネージャーが人間関係を大切にするフィリピンにアサインされましたが、1年後に会うと、成果を伸ばすだけでなく、人当たりもよく傾聴するマネージャーに変わっていました。先に紹介した3Cのコンテキスト、環境の影響も活用することをおすすめします。

成長させる業務やプロジェクトが決まれば、能力強化のためのワークショップや研修が効果を発揮できます。業務を効果的に完了するためにどのような行動と能力が必要となるのかを明確にし、研修に臨むことが成長を促進します。研修が先行すると学んだ行動を現場で実践することなく終わってしまう可能性が高いのでご注意ください。

ということで、マネージャーの業績向上・部下育成・チーム力強化という3つの役割を確実に高めるためには、まずは、強化すべき能力を必要とする業務やプロジェクトを任せることが最重要です。そのうえで、その人の弱みを改善でき、また、強みを伸ばすための研修やワークショップに参加させ、上司との進捗管理を行ってもらえば、必要な能力は着実についてきます。

定期的なチャレンジング業務が卓越したリーダーを育てる

成長が止まっているリーダーはいませんか？　変わることのできないリーダーはいませんか？

成功体験は人に自信を持たせ、動機づける大切な体験であり、誰もが体験すべきことです。ただし、残念なことに、少数の成功体験で成長を止める人が数多くいます。成功時の自分の物の見方、方法、行動が基本形になり、それ以外のやり方には関心を持たなくなり、学ぶこともやめてしまい、途中で失墜するパターンの方です。

私が組織変革の博士号を取るために行った調査研究の1つとして、３つの業界の欧米企業のディレクターからシニアマネージャーレベルの方に関する調査を行いました。３６０度評価、総合人材アセスメント、インタビューなどを用いて、調査対象マネージャーの能力やパフォーマンスを調べ、卓越したマネージャーのグループとそうでないグループに分け、卓越したグループにいるリーダーの成長の要因を調べました。

成長の要因において2つのグループで顕著に異なっていたのは、チャレンジング業務の体験の数でした。卓越したリーダーのグループの体験したチャレンジング業務の数は平均13回、そうでないグループのリーダーの体験数は平均5回でした。チャレンジング体験がリーダーの物の見方を変え、視野を拡げ、新たな行動をとり、プロフェッショナルなリーダーとして成長させていくのです。また、様々な新たなチャレンジング体験は変化に対する前向きな姿勢を生むだけでなく、自ら変革を起こしていく姿勢を培います。

先に示しましたように、チャレンジング業務の頻度は重要です。変化の激しいビジネス環境の中、リーダーだけでなく社員にも必要な能力に「レジリエンシー」があります。レジリエンシーとは、単なる回復力ではなく、逆境を耐え抜き、逆境を乗り越える力です。レジリエンシーを高めるには、様々なタイプのチャレンジを乗り越える体験が必要なのです。

着実に次世代リーダー、そして、次の経営者を育成するためには、すべてのマネージャーに毎年、チャレンジングな業務やプロジェクトを任せてみてください。チャレンジング度合いはその人のキャパシティに応じて本人が決めればよいのです。修羅場体験を多く体験できれば、より大きく成長できます。そして、自ら変革を起こし、組織の成長を加速していきます。

会社の業績も人材も成長させるリーダーを育成する最も効果的なことは、①アカウンタビリティと評価軸、そして強化すべき能力をすり合わせること、②強みを活かし、改善すべき能力を高める定期的なチャレンジング体験を任せ、学びの機会をつくること、③定期的な振り返り、上司からのフィードバック、評価、などです。これらを行うことにより、すべてのマネージャーは途中から失墜することもなく、組織の業績も文化も強化されます。

【秘訣21】パフォーマンスを高める研修の成功要因を取り入れる

What vs How

パフォーマンスを高めるために必要な内容を学ぶことは不可欠です。パフォーマンスを高めるための基本的な考え方、行動、プロセス、姿勢を理解できなくては成果は変わらないでしょう。研修プログラムを開発する際に皆さん内容に注力されます。実際は、全く同じ教材、スライドを使って5人の講師が教えたとしても、受講者の学びに大きな差が出るのです。内容以上に大切なのは、いかに教えるか、いかに学びのファシリテーションを行うか、です。

一昔前の受験のための学校教育のように、教師が学習内容をバンバン詰め込むような教え方をしている研修講師はもういないかと思います。しかし、より効果的に受講者に学んでもらう基本やアプローチを理解し、実践することは研修の投資効果を高めるには不可欠なことですので、効果的な研修を提供する会社で行っているベスト・プラクティスをいくつかご紹介します。

学べる環境の確保

80年代はけっこう受講者にプレッシャーをかける、ダメだしをバンバン行う研修講師の方がいまして、研修途中に泣き出す社員を見たことがあります。最近はこのような講師はあまり見なくなったと思いますが、このアプローチのどこが問題なのでしょうか？

人間は一定以上の緊張感やプレッシャーを感じると、ストレスと不安感を高め、物事に集中できなくなります。不安感が募れば、学習にも集中できず、学びにくくなります。規則に関する項でお話ししましたが、「ダメ」とか「No」という言葉、また、怒るというのはストレスを高めるので、使わないことです。

ダメだしをしないだけでなく、基本的にはポジティブなトーンを保つ、できているところに意識を集中してバランスよくフィードバックすることが重要です。常に、相手が受け容れやすい話し方をする、笑顔で対応することは参加者の安心感を高めます。

学習効果を高めるためには、学びの環境は、研修開始前に確保しましょう。研修が始まる前から、参加者の不要な緊張感を取り除き、学びたいという感情を高めるために、どのようなことを行っていますか？

研修開始前まで、セカセカ準備をしている、硬い表情をしている、開始と同時に事務連絡などを行うと安心感や学びたいモードが崩れていきます。いきなり研修の本題に入る前に、参加者の緊張感を取るために、テーブル内で自己紹介をし合う、とか、研修に直結する内容に関する現状や課題などの意見交換をしてもらう、とかできますね。「ミラー・ニューロン」という言葉をお聞きになったことがあるかもしれませんが、笑顔の人を見ると、人間は緊張感が和らぎ、笑顔になる傾向があります。これは研修に対するポジティブな感情を生むことにつながります。

明確なゴール設定

基本的には、研修の参加の前に、上司と研修参加の目的、学んだことを現場でどのように活用するのか、などに関してすり合わせをしてきていただいているはずですが、研修のゴールや内容を確認した後、また、本題に入る前に参加者の方々に「学びのゴール」を他の参加者と共有することが参画意識を高めるために重要です。

私たちは人から言われたことよりも、自分で考え、話したことにコミットします。自分個人としての学びのゴールを設定すれば、そこに意識が集中され、学習効果が高まります。これは自己決定理論の効果ですね。また、私たちは他の人に宣言することで、その達成への意識とコミットメントがさらに高まり、より意識的に学ぶようになります。

この際、学びのゴールをポストイットなどに書いてもらい、目につくところに貼っておいてもらうことも、参加者のゴール達成への意識を維持するために役立ちます。本題に入る前に、参加者がゴールを考える、または、思い起こす、書く、話す、ことは学ぶ意識を高め、理解度を高めますのでご活用ください。

人は行動から学ぶ

私たちは聞いただけでは学びはなかなか起きません。インプットされたものをアウトプットすることによって学びます。スポーツでも語学学習でも同じです。見たことを、即、完璧に実践できるのはその領域の天才ですね。通常、学んだことを実践してみて、新たな行動を少しずつ体で覚えていきます。

ですから、研修では、学んだことを演習やロールプレーなどで実践してもらうこと、自分の行動は自分では見えないので、他の参加者にフィードバックで良い点、改善点を教えてもらう、改善点を再度試みる、など反復練習や振り返りの機会があって、着実に新たな行動を心と体で覚えていきます。

学びのスタイル

学びのスタイルや要因は人によって異なります。新たな行動に関するロジックを先に理解したい「理論型」、新たな行動をまず見てみたい「観察型」、やってみたい「行動型」、そして、先に共鳴したい「ハート型」の方がいます。

すべての学びのスタイルに合わせることができるように「学びの要因」をすべて活用すると参加者の学びがより確実に支援できます。基本的な学びのサイクルは次の通りです。

- 新たな能力／行動の意義を理解する
- 新たな能力／行動を説明を受けながら観察する
- 自分でやってみる
- フィードバックをもらい、できた点と強化点を確認する研修を開発するときに、「観察ニーズを満たす」、「アクション・ニーズを満たす」、「ロジックに訴える」、「感情に響く」という活動をバランスよく組み入れることで、4つの学習スタイルにマッチすることができますので、ご参考にしてください。但し、順番は学ばせたい内容と参加者にスタイルによって変えることをおすすめします。

振り返りを複数回行う

一度聞いて覚える人はいませんので、キーポイントや重要な学びを複数回体験することが必要です。つまり、途中途中の振り返りも含めて、重要なスキル、キー・ワードやキー・コンセプトを5～6回体験できるように研修を進めるようなプロセスをつくっておくことです。例えば、上記の学びのスタイルでも最初の説明でキー・ワードを体験、観察でも体験、実際に行いながら体験、フィー

〔図表18　学びのスタイル〕

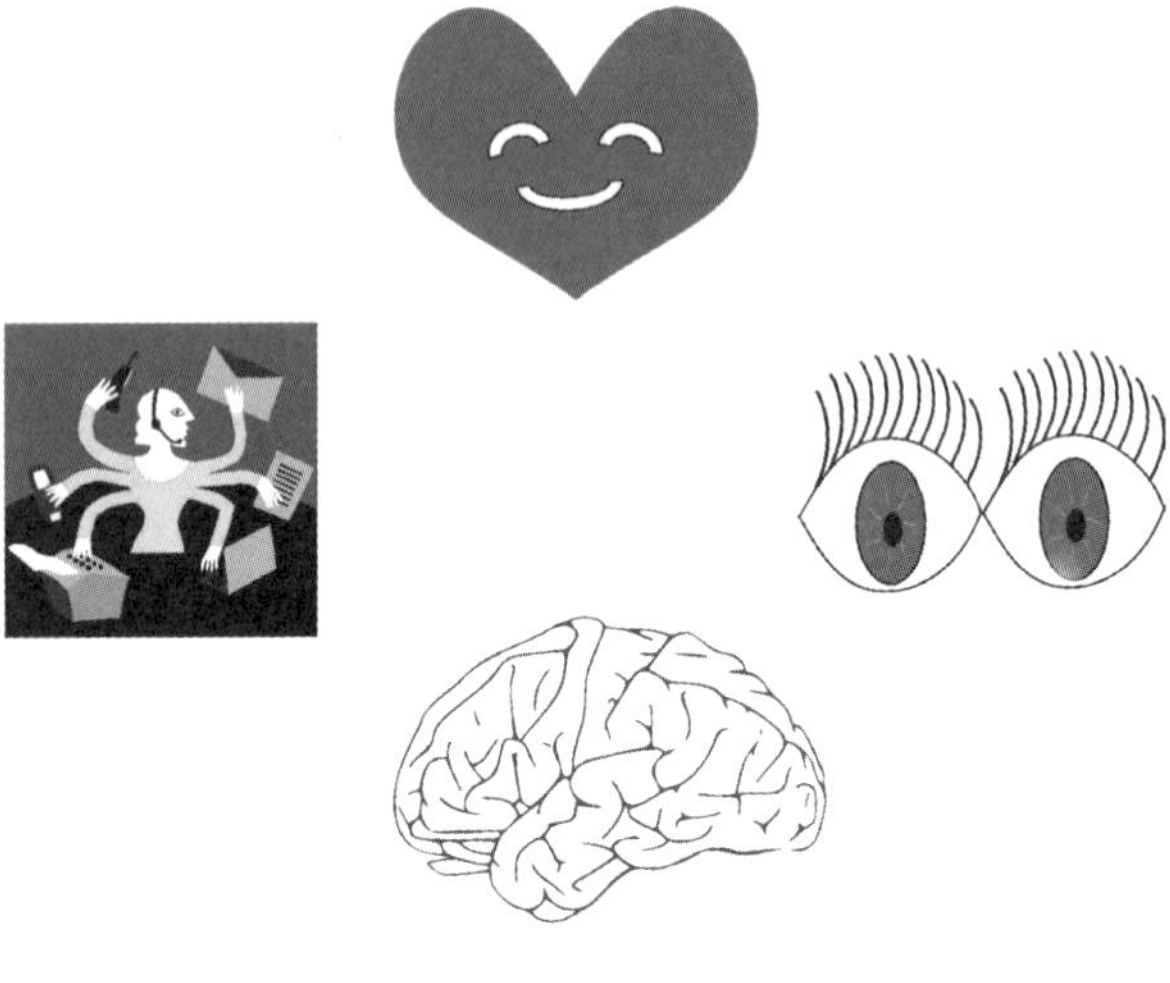

ドバックでも体験、と4回タッチポイントをつくれます。この後も単元ごと、または、午前中や午後の振り返りと学びの発表などでもタッチ・ポイントを増やせます。

更に、ロールプレーやクイズ、豆テストでもタッチポイントをつくれます。ロールプレーやクイズの後のフィードバックも私たちの記憶を深める重要な要素です。脳科学が判明しているように、「間違いに気づく、また、改善点のフィードバックが短期記憶を長期記憶に移すことを促進」してくれます。

現場でのアクションプランにコミットする

研修を締めるまでに。振り返りと学びの確認をしてもらい、現場での具体的な学びの活用方法を作成してもらいます。研修が終われば、多くの場合、学びを振り返ったり、活用計画をつくることは困難です。

プログラムの単元ごとに振り返りとアクション・アイデアを考えてもらうことが効果的ですが、プログラムの最後で最終的な振り返りと、現場での具体的なアクション計画をつくることは重要ですし、現場での活用につながります。これを行うか否かで現場での学びの適用度合に雲泥の差が付きます。

また、研修の最後で学びとアクション・プランを他の参加者に共有することで、達成への意識が高まるので、達成度合いがグンと高まります。

フォローアップのしくみを取り入れる

研修後、1週間以内に新たな行動が起きなければ、研修での学びは忘却の彼方となり、研修からの学びはほとんどの場合現場で実行されません。そうならないためには、研修前に学びを実践してもらうためのしくみを確立する必要があります。皆さんはどのようなことを現在行っていますか？

いろいろな方法がありますが、ここでは現場で実行するしくみを3つ紹介します。

(1) 上司を巻き込み、参加者から上司へ研修における気づきと現場でのアクション計画を報告してもらい、上司からフィードバックをもらうことがあります。

(2) 実践後、活用内容と成果、目標の達成度合いを上司に報告してもらい、上司からフィードバックをもらうことです。達成度合い関する上司の評価を人事に提供してもらえれば、カークパトリックのレベル3、またはレベル4の貢献度が把握できます。

(3) 上司以外にもチーム全員、また、他の研修参加者に活動と成果を共有することで、彼らからのフィードバックがもらえ、それが更なる学びの現場での活用を促進することになります。

【秘訣22】オンライン研修を効果的にするツールを取り入れる

欧米ではオンライン研修が重要な研修タイプ

米国は広いので、一堂に社員を集めての研修は費用対効果に合わないこともあるので、オンラインでの人材開発や研修プログラムは90年代から結構盛んに行なわれていました。前職でもパソコンから学ぶ「文書の書き方」などの基本スキル研修がオンデマンドで整備されていました（全部英語であったので日本ではすべての本部では使っていませんでしたが…）。

コロナ禍で日本でもオンライン研修が広まってきましたが、皆さんの組織ではどの程度活用されていますでしょうか？　また、どの程度効果的に学びを促進していますでしょうか？

教える側からすると、個人的には、スクリーン越しではなく、リアルの物理的な対面で研修を行う方が講師として気持ちが盛り上がって楽しいのですが、実際の対面研修でもオンライン研修でもほとんどの研修トピックで、それほど効果は変わらないのです。対面と同等な効果を出すために基本ツールをいくつかご紹介していきます。

基本原則は対面もオンラインも同じ

人間の成長要因、アダルト・ラーニングの原則、学習スタイルへの適応、などこれまでに紹介した学びの原則は、オンラインでも対面で基本的には同じです。つまり、オンラインでも同じ原則に即して研修を行えば、学習効果は高まり、成果の向上につながります。

「心理的安全環境の原則」、「目標設定の原則」、「アクションで学ぶ原則」、「学びのサイクルの原則」、「複数回振り返りの原則」、「自己決定理論」、「フォローアップの原則」などを確実に活用するためのプラットフォームやソフトウェアを取り入れることです。

プラットフォーム

オンライン研修を行うプラットフォームは様々あります。機能がたくさんあって、かつ、参加者も講師もシンプルに使えるものであれば結構です（私は「ズーム」を使っています）。

対面研修と近しい体験をするために必要な機能は次のようなものです。

(1) グループ分け機能：対面研修ではグループワークやロールプレーを行いますので、少人数のグループ分けを行うことのできる機能

(2) ホワイトボード機能：対面でフリップチャートなどにグループで書いたり、また、講師が書いたりしますので、同様なホワイトボードの機能

(3) クイズ／投票／アンケート機能：研修中に参加者の意見や体験を聞いたり、また、クイズに対する回答を聞いたりする機能

(4) コラボレーション機能：ホワイトボードだけでも、参加者が共同で書き込みすることが、できますが、これはより協働を支援できるポストイットにアイデアや課題などを書き込んで、フレームワークに張り付けることのできる機能

事前課題

研修でいきなり学ぶことがよくありますが、内容が新しい、または、複雑であるのであれば、研修の前に研修中で学ぶ重要なコンセプトを紹介することもよくあります。基本形は研修で学んで欲

しい基本的なコンセプト、そのメリット、活用事例などをビデオで紹介したり、学習内容に関する事前クイズに回答してもらい現状の理解を深めたりすることがよく行われています。

私たちは１回聞いてすべて記憶できることはほとんどの場合ありませんので、学習のタッチポイントを増やし、新たな学習内容を短期記憶から長期記憶へ早くつなげるにも事前ワークは効果的です。

大きな会社であればこれを社内独自の学習システム（ラーニング・マネジメント・システム：ＬＭＳ）で行っている会社もありますが、社員数が莫大でなければ、外部のシステムを活用すればよいでしょう。

事前ワークでの学びを研修の冒頭で共有してもらいながら、参加者同士の関係性を高め、学びの深堀もできます。また、事前クイズやアセスメントを行ったのであれば、その結果をみんなで振返りながら、現状の強みと課題を抽出でき、参加者が自身のニーズを把握したうえで、学びの焦点を考えることもできます。

研修後のフォローアップ

研修はあくまで学びのスタートで、新たな学びと行動を現場で実践して、初めて研修の成果を確認できます。カークパトリック氏のレベル３、レベル４の成果を確認するには、フォローアップは重要ですし、研修の真の成果を出すには不可欠なものです。

よく行うフォローアップですが、学びの確認のための研修内容に関するテストをシステムから定期的に送り、参加者の学びを維持強化することは効果的です。時間の経過と共に記憶は失われるものですが、定期的に数週間ほどミニテストを実施し、振り返りを行うことなどで、記憶の定着のサポートを行います。

また、研修中に立てた現場での新たな活動や行動の計画、そして、その成果をシステムから定期的にリマインドする会社もよくあります。本人の自己評価だけというところもありますが、上司との共有と対話でパフォーマンスの向上と能力強化を確認することは、参加者本人の成長実感を高め、上司にもフィードバックと成長確認ができるというメリットがあるのでおすすめします。

社内でＬＭＳ（学習マネジメントシステム）

〔図表 19　リーダー人材開発の成功要因〕

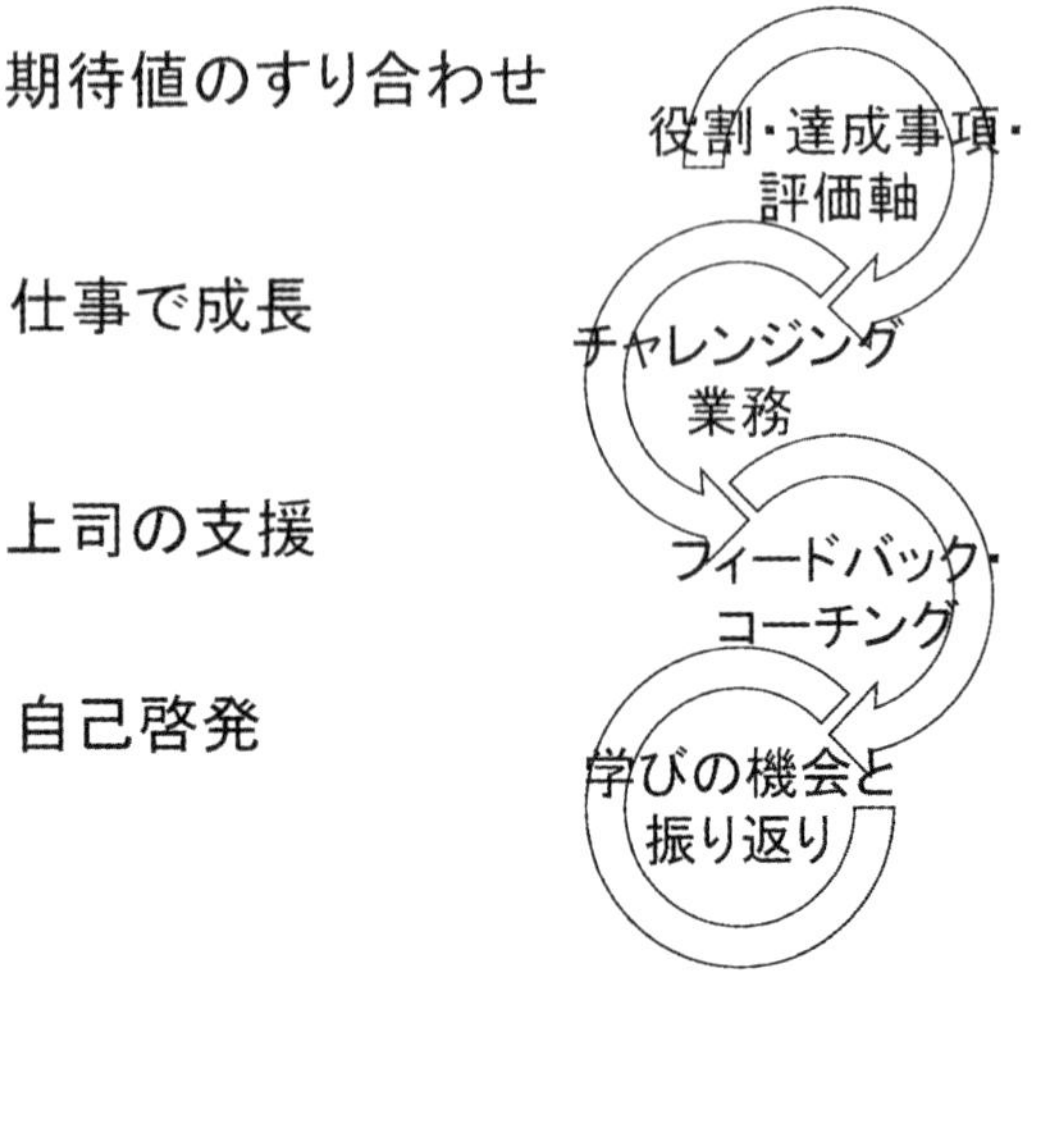

を活用していないのであれば、作業の簡便性の観点から、事前ワークのために活用している外部システムを用いて、研修後のフォローアップを行ってるところが多くあります。

３章の振り返り

人材育成の基本は業務を通して。補足的にコーチングや研修などの育成支援策を行う。業務達成に必要な能力基準に関して、現在できていることをさらに強化し、そして一番できていないところを少しずつつくりこみ、強化していけば必ず効果的にビジネスを伸ばす人材の育成ができます。育成項目を一度にあまり多くすると、注力が分散するので、最優先のもの２〜３に絞ったほうが育成は効果的です。皆さんも、是非一度現状チェックをし、更なる人材育成施策の強化を自部門から挑戦してみてください。

３章のまとめ

秘訣14　人材開発のＫＰＩを明確にする
秘訣15　人材開発が実践されるしくみを創る
秘訣16　人の成長の基本原則を取り入れる
秘訣17　新入社員研修をオンボーディングプログラムに変える

秘訣18　新入社員を伸ばし、離職を防ぐための最重要な施策
秘訣19　将来のリーダーを育成する
秘訣20　ビジネスも組織も伸ばすマネージャーを育成する
秘訣21　パフォーマンスを高める研修の成功要因を取り入れる
秘訣22　オンライン研修を効果的にするツールを取り入れる

振り返り：本章ではどのような気づきや発見があったのでしょうか？　気づきや学びから、どのような新たな活動や行動をとれるでしょうか？

第4章

成果を高める業績管理と評価制度の秘訣

【秘訣23】ドラッカーの提唱した業績管理の基本に則る

時々見られる業績管理のあり方

業績管理、欧米の外資系企業ではパフォーマンス・マネジメントと呼ばれるものですが、皆さんの組織ではどのように会社と社員の業績管理を行っていますか？　業界や部門による差もありますが、トップダウン型、つまり、会社の目標が事業部や部門に落ち、それがチームに、そして個人にという流れがあるのではないでしょうか？

中期経営計画で向う3～5年の戦略と目標を経営陣で合意し、組織全体に周知されていると思いますので、上位方針に沿って目標が下位に落とし込まれる「カスケードダウン」というコンセプトは基本的には通常のながれだと思います。

なお、極まれにボトムアップで、下からの積み上げで会社の目標を立てるところもありますが、これも機能しているのであればＯＫでしょう。

さて、上からの落とし込みのカスケードダウン自体はよいのですが、トップダウンで会社目標を下に落とす際の方法が業績管理を成功させるのか否かに影響を与えます。部長が上から落ちてきた目標を課長に具体的な目標／数字で落とし、課長は課員に具体的な目標／数字に落とし、その達成を命じる、というながれが業績管理に課題を投じるのです。

トップダウンの課題

ＰＤＣＡ、計画・実行・評価・強化の流れは目標を効率よく達成するための基本的なプロセスとして産業革命後期に導入され始めました。ここで課題になったのは、ＰＤＣＡサイクルでマネージャーがＰとＣを行い、メンバーがＤとＡを行う形になったことでした。

例えば、産業革命時の製造現場において、マネージャーが細かく計画し、メンバーに指示命令する、メンバーは命令通りに作業する、マネージャーにミスや改善点を指摘されるとそれに従って行動する、という「マネージャーは考える人」、「メンバーは指示通りに動く人」という棲み分けができたことです。

これの問題を風刺したのがチャップリンのモダンタイムズという映画でしたが、社員は歯車のコマのように流れ作業の中でアイデアを求められることなく、感情も無視され、働かされる、ということに対する問題提起をしました。

このような非人間的な扱いを社員が受けている会社は今の時代、ほとんどなくなってきているかとは思いますが、ここでの重要なポイントはメンバーの考えが計画する際にきちんと反映されているかどうかです。

ＰＤＣＡの最重要なＰのゴール設定と計画のフェーズを上司が行うということは、部下にどのような影響を与えるのでしょうか？　部下のモチベーションはどのようになるのでしょうか？　部下の考える力はどのように強化されるのでしょうか？

ドラッカーの提唱したMBO

近代経営の父と言われたドラッカー氏が提唱したManagement by Objective（目標による管理）はトップダウンの目標設定ではありません。Management by Objective and Self-controlというタイトルが示すように、個人の意思のもとに自ら管理ながら目標を達成していくアプローチを推奨したものです。トップダウンで目標設定を行い、達成までの道筋を管理するものではありません。

会社全体の目標を会社全体で理解し、それを組織全体でどのように達成するかを明確にします。最終的には、メンバー個々人が主体となり、会社の目標や上位方針を基に、達成すべき目標を考え、それを上司と協議し、すり合わせを行うという目標設定をすすめたのです。

個人が主体

ＰＤＣＡの基本はいかによい「Ｐ」を行うかにかかっています。よいＰとは長期的方針と組織全体の目標と共に、背景や環境を理解し、現状分析を行いながら、自ら目標を設定することから始まります。

自己決定理論が示すように、私たちは、自ら考え、自ら決定したことにコミットします。他人が設定した目標ではやらされている感で行動を起こすことになってしまいます。これではやりがいは感じられず、自分の意思とは関係なく、決められたことを淡々とやるメンバーをつくってしまいます。

ドラッカー氏の言う「セルフコントロール」が大切なのです。「Ｗｈａｔ（何を目標に）」も大切ですが、「ＷＨＹ、Ｈｏｗ（なぜ、いかに設定するか）」はさらに重要です。自らが熟考したうえで設定したことに対し、自身で達成計画を考え、実行し、ＰＤＣＡを綿密に回しながら自身の力で達成する、「メンバー主体」のＭＢＯのしくみは「自走する組織」の文化を創っていきます。

【秘訣24】業績管理と評価制度を失敗させる要因を取り除く

現状の評価制度のでき度合いを評価する

評価制度をどのように評価されていますか？　量的な指標で考えると、社員の何割が期限内に評価を完了しているとか、評価のベルカーブが目標（予定）通りに行われているとかも効果的か否かを見る軸として設定されている組織もあるでしょう。

カスタマー・エクスペリエンスの評価軸にあるように、人事制度に関しては、エンプロイー・エクスペリエンスの視点で考えるといかがでしょうか？　評価を受けた社員がどの程度自身の評価に納得しているか、ということが大切です。

評価制度が活用される、期限内に評価が完了される、評価が予定通りに分布されていることも意義があります。しかし、評価を受けた社員が自身の評価に納得していなければ、その社員の士気や翌年のやる気度合いやコミットメントはどのようになるのでしょうか？　あまりポジティブなものになるとは考えにくいでしょう。

納得感のない評価をもらえば、会社で頑張り続ける要因の3番目、「達成感や成長実感がある」が満たされないし、このままいけば、頑張る要因の第1番目、「やりがいのある仕事」にも悪影響が出て、仕事や業務に対するエンゲージメントも下がっていくかもしれません。

今一度、自社における評価制度を「社員の納得度合い」という観点から自己評価してみてはいかがでしょうか？　もしそこに課題があるのであれば、どのような原因が考えられるのでしょうか？

評価制度がうまく機能していない組織では3つのタイプの問題があります。1つ目は目標に関する問題、2つ目はメンバーと上司の関係性、3つ目は目標管理のプロセスに関する問題です。

目標に対する納得感

目標設定がトップダウンで行われ、上司が自分の目標を決めていたとすると、メンバーは自分のゴールに対するコミットメントはできません。また、自分で考えるように言われ、考えて提出すると、上司が自分の立てた目標を上方修正して高くあげられたら、どうでしょうか？　最初は自分で決めるはずだったのですが、結局、上司の目標に変えられたのであれば、最初から上司が決めたのとあまり変わりません。ましてや、途中から、決定権がとられたことに対する不満、期待を裏切られたことに対する苦い思いがずっと後を引くことになるかもしれません。

自己決定理論にあるように、やはりメンバー自身で目標を設定できるようにするアプローチをとっていくことが基本です。もし、部下が正しい目標を設定をできないのであれば、正しく目標設定を行う方法をすり合わせをしておくことが重要です。メンバーが効果的にＰＤＣＡを回すための基本アプローチとスキルを教えることは上司の役割です。

目標の意味合い

目標に関して気をつけることがあります。評価のための目標ですので、評価軸が明確になっているということとともに、評価の目盛りが明確であることです。

基本的には評価軸に合わせて目標を設定されていると思いますが、その目標の目盛りが明確にされていない組織も散見されます。例えば、営業担当者Ａが売上目標を１００で申告し、上司に合意されたとします。営業担当者が年間目標の１００を達成したところ、評価が２（平均以下）だったので、たいへんがっかりして理由を上司に尋ねました。上司が答えたことに、「目標１００はあなたの地域では平均以下であり、達成しても評価は２」でした。

多くの人は設定した目標が達成できれば普通か平均以上の評価がもらえると期待しています。期待と異なる商品やサービスを受けた顧客が不満や苦情を電話やメールで訴える、ネットに書き込むのと同じように、期待値と異なる評価を受けたメンバーは上司に不満を抱くでしょうし、エスカレートしてネットに書き込む人もでるでしょう。

目標設定の際、評価軸と評価の目盛り、つまり、評価軸においてどこまで達成すれば平均なのか、平均以上なのか、平均以下なのか（または、５段階評価の何段目なのか）をすり合わせを行っていることが大切です。設定した目標の意味合いの共通認識は最初に行う必要があります。評価が完了してからの、後出しジャンケンのような評価は部下にとっては青天の霹靂なようなものです。

皆さんの組織のマネージャーは目標設定において評価軸と評価の目盛りをどのようにメンバーと共有しているのでしょうか？

メンバーとマネージャーの関係

2つ目のタイプの問題は、上司と部下の関係性です。メンバーが何らかの理由で上司を尊重できていないし、信頼もしていないときはその人の評価に対する気持ちはどのようなものでしょうか？信頼していない人からの評価をどの程度信頼できるでしょうか？　出された評価を納得感をもって受け入れてはいないかもしれません。

このようなあまりよくない関係性のマネージャーがいる際は、まず、マネージャー自身がその状況の意味を理解し、関係強化を行うことが重要です。最初から関係性の悪いことは少ないはずですので、関係性に傷をつけた原因、関係修復に必要なことをきちんと話し合い、マネージャーから気持ちを一新して新たなマインドと言動を着実に実践しなくてはならないでしょう。

関係がかなりこじれていれば、組織内の誰かが仲裁者としてヒヤリングをしたり、コーチングを行うことも必要なこともあります。アンテナを張っておいて、重症化する前に、マネージャーが一手を講じるようにアドバイスをする、重症化が進んでいたら適切な方が仲裁者に回るようなしくみをつくっておくこともおすすめします。

人に関する問題が起きれば、即、人事が出ていって仲裁するとか改善案を出すことは、「人任せ、人事任せの文化」をつくってしまいます。できる限り、部門長、または、部内の適した方が部門内の調整を行うことが大切です。また、メンター制度を作って、メンバーの課題をメンターが聞き役となって対応することも効果的です。

業績管理のプロセスはどのように回っているのか

皆さんの組織では、どのようなプロセスで業績管理を行っているのでしょうか？　第３番目の問題は、業績管理のプロセスの問題です。

一番まずいのは期首に目標を立てた後、1年放っておいて、期末に評価面談で評価をして伝えることです。ＰＤＣＡの「Ｐ」の取っ掛りとして期首の目標設定を行った後に残りの「ＤＣＡ」が1年後に行われるのでは、途中の軌道修正ができません。

「Ｐ」の際、進捗管理のためのマイルストーンとなる達成事項とそのタイミングを定めることが大切です。例えば、新製品開発であれば、製品コンセプトのオプション出し、ユーザーテスト、コンセプトの選定、コンセプトを満たす製品のプロトタイプ作成、プロトタイプのユーザーテスト、などなどがマイルストーンとなります。

各マイルストーンの進捗チェックのタイミングで社員は上司と個人面談を行い、現状確認、ギャップがあれば原因分析と解決策の作成と実施、実施後の評価と強化を行うことにより、もし、遅れが出そうになったとしても、適時に改善策を打てるので、着実に目標達成に近づいていけます。進捗管理システムが活用されているのであれば、マイルストーンのチェック・ポイントにフラッグを立てておくことにより、本人、上司、関係者が適時に確認しやすくなります。

進捗管理はセルフコントロールの観点から、メンバーが主体的に行うものですが、グループ目標の達成とメンバー支援の役割を持つマネージャーとしては確実に進捗管理が進む環境と文化を創ることは「チーム力の強化」の観点から重要な役割活動です。

メンバー支援の度合いはメンバーの成熟度度合いで変わります。しかしセルフコントロールで自身の立てた目標を達成するための基本的なマインドと習慣をチーム内に浸透させる、また、躾けることは、チーム管理の観点からマネージャーにとって不可欠なことです。

〔図表 20　業績管理の基本原則〕

業績管理の基本原則

1　メンバー主体で目標設定＋計画 / マイルストーン作成
2　業績目標だけでなく、能力 / 行動目標を設定
　　（アウトプット指標 / インプロセス指標）
3　上司はコーチングとフィードバックで支援
4　定期的、かつ、適時な進捗すり合わせの対話
5　多面フィードバックや進捗管理システムを活用
6　信頼関係と上司のコミットメントが基盤

【秘訣25】業績管理と評価のＫＰＩを明確にする

目的の明確化

会社の目的を達成するために、社員１人ひとりが効果的に、かつ、効率的に活用されている状態を確実につくり出す環境を築くことが人事部門の使命でしたが、皆さんに会社の業績管理や評価制度の目的はどのようなものでしょうか？

評価制度には業績達成の支援と社員の育成支援という２つの目的がありますが、今、多くの企業で、評価制度の主眼を社員の育成に置くようになってきています。定期的な進捗管理のためのワン・オン・ワン・ミーティング（個人面談）で業務やプロジェクトの進捗と成果に対するフィードバックや評価の際、メンバーの強みの確認と改善点の確認を行い、強みを活かし、課題を取り除くための次のステップを明確にしています。皆さんの会社では業績と育成では、どちらに重きを置かれているのでしょうか？

ここでは「業績達成の支援」、「育成支援」、「企業文化の醸成」、そして、「エンプロイー・エクスペリエンス」の観点から業績管理と評価に関する指標を見てみたいと思います。

また、指標は最終のアウトプット指標と一連のプロセスの中でのインプロセス指標、どちらも大切なので、各々確認してみましょう。

業績達成の支援の観点から考える指標

評価制度は業績管理と連携して運用される制度です。会社目標を達成するための社員個々人の業務遂行におけるパフォーマンスを管理しながら、最終的な評価を行うものです。

業績管理と評価制度が効果的に回っているのであれば、効果的に、また、効率よく、社員1人ひとりの業績目標が達成され、結果として会社の年度目標が達成されているはずです。ただし、戦略的課題、市場や環境の課題もありますので、会社全体の目標達成率を業績管理の指標に置くのには難があります。

ということで、業績管理と評価制度に期待される「業績管理における最終的アウトプット指標」としては、個々人の業績目標が着実に達成されている割合（％）というところになります。例えば、何％の社員が自身の業績目標を１００％達成しているのか、または、社員の業績目標の平均達成率は何％なのか、などです。

そして、「業績管理におけるインプロセス指標」としては、期末に至るまでのプロセスにおける個々人の業績目標がどれくらい達成されているのか、です。例えば、四半期ごとの業績の達成度合い、または、毎月の業績目標の達成度合い、などです。

育成支援の観点から考える指標

業績管理と評価制度のもう1つの重要な指標は個人の成長です。業績達成の視点と同様、育成における最終的アウトプット指標は、その1年間に社員個々人が育成目標に対してどれくらい成長したのか、ということになります。例えば、何％の社員が自身の育成目標を１００％達成しているのか、または、社員の育成目標の平均達成率は何％なのか、などです。

そして、「育成支援におけるインプロセス指標」としては、期末に至るまでのプロセスにおける個々人の育成目標がどれくらい達成されているのか、です。例えば、四半期ごとの育成目標の達成度合いや毎月の育成目標の達成度合い、または、育成目標に対してオン・トラックの社員の割合などです。

企業文化の醸成の観点から考える指標

欧米企業では業績目標達成における社員の行動を評価してるところがよくあります。企業文化の強化は組織の長期的な成長と業績向上に直結してるからです。企業文化の体現における最終的アウトプット指標は、その1年間に社員個々人がどのくらい企業の価値観、または、価値観に基づく行動原則を実践したのか、ということになります。例えば、何％の社員が企業の行動原則を１００％実践しているのか、または、社員の平均実践率は何％なのか、などです。

そして、「企業文化におけるインプロセス指標」としては、期末に至るまでのプロセスにおける個々人はどれくらい期待されている行動原則を実践しているのか、です。四半期ごとの実践度合いや毎月の実践度合い、などです。

余談ですが、「顧客志向」を企業価値としているある企業で購入後の顧客からのカスタマーサービスへの苦情が問題になっていました。問題は購入時にその製品のワランティ（製品保証）の説明を営業から受けていなくて、顧客は修理が年内は無料だと思っていたことでした。この企業では営業の報酬は50％がインセンティブで、受注すればインセンティブにつながるので、ワランティの説明をきちんとしていなかったのです。

このようなことが起きないためには、担当者の評価軸は受注額だけではなく、製品の活用開始後のＮＰＳ（ネット・プロモーター・スコア）と顧客維持率などが指標として必要でしょう。評価軸が適切でないと、あるべき行動とありたい企業文化を醸成できないので、正しい指標の設定は不可欠です。

エンプロイー・エクスペリエンスの観点から考える指標

業績管理、または、パフォーマンス・マネジメントが効果的に回っているのであれば、社員は仕事と上司との対話を通して成長できたことに満足している、また、自身のミッションを果たせて達成感に満ちている、という構図ができるはずです。

エンプロイー・エクスペリエンスにおける最終のアウトプット指標は業績管理から最終評価までの一連のプロセスに対する満足度です。

そして、インプロセス指標は四半期ごと、または、毎月など一定の期間ごとの業績管理のプロセスに対する満足度ということになります。例えば、目標設定ミーティングに対して、そして、進捗管理のワン・オン・ワン・ミーティングに対しての効果性と満足度や納得感をシンプルな5段階評価でチェックすることも可能です。

4つの観点のバランス

業績管理と評価の制度の大きな目的は、社員の育成と業績達成度合いの把握と達成への支援にあります。ですので、「業績達成の支援」と「育成支援」の観点から制度を評価することは不可欠です。そして、人事の使命である企業目的の達成の支援、そして、社員のウェルビーイングを最適化するという観点から、「企業文化の醸成」と「エンプロイー・エクスペリエンス」の観点からの評価も重要です。

評価が1つの軸だけに偏ると、制度に歪が出てくるので、機能しなくなります。バランスよく指標を置くことにより、評価を最適な形に保て、目指す目的が達成できます。

【秘訣26】評価基準を明確にするには

評価における課題

評価制度を効果的に回すために取り除くべき上司に関わる課題はすでにお話ししましたので、ここでは、評価する際に課題となりやすい評価基準に関してお話しします。

特に日本の企業で問題となることが多いのは、業績管理における業績目標のあり方と評価基準の不明確さです。自分の業務ややるべきことはわかるが、チームで進めるので個人の役割や目標、責任がよくわからない、という方が時々います。皆さんの会社で自分自身の年間の業務目標が明確になっていない社員の方はどれくらいいるのでしょうか？

また、評価の際に自分の受けた評価になんとなくそうかなと思う方はまあまあいるのですがしっかり納得している方は2割に満たないという調査結果も出ています。皆さんの組織では評価に関する社員の納得度合いはいかがでしょうか？

アカウンタビリティの明確化

欧米企業では職務ごとに「職務記述書（Job Description）」を作成し、職務における役割と行うべき業務と責任を明確化している企業があります。

これは第2章の「採用」にも活用されますし、第5章の「給与制度」においてもたいへん重要となる文書ですが、社員1人ひとりにとっても、自分が何をすべきなのかを理解するために大切なものとなります。

職務記述書で一番重要なことはアカウンタビリティの明確化です。職務記述書で時々、業務や作業を細かく記載していることがありますが、これも職種によっては大切なことかもしれませんが、職務記述書の本質はそこではありません。

アカウンタビリティは時々「説明責任」と訳されていますが、この本質は「結果責任」です。あなたはアカウンタブルと言われれば、あなたには決定し結果を出す責任がある、という意味です。もちろん、ことが起きたときに説明する責任があるという意味も持っていますが、業務においては結果責任の意味で使われます。

ちなみに、レスポンシブルという言葉は割り当てられたことを実行する責任を持つ（実行責任）という意味でよく使われます。

ということで、アカウンタビリティを明確にするということは、何を決定し達成するかを明確にしなくてないけません。例えば、マーケティング・マネージャーであれば、ターゲット層へのブランディングの確立、マーケット・シェア（市場占有率）の拡大、そして、自組織（チーム）の能力強化などがアカウンタビリティとなるでしょう。

そのアカウンタビリティの達成のための活動領域として、マーケティング、または、ブランディングにおける広告戦略の策定と実施、ユーザー・プロモーション戦略の策定と実施、部員の強化育成、などが職務記述書に記載されます。

職務を詳細な作業で定義づけない

ここも「アカウンタビリティ（何を達成）」に焦点を当て、「アクティビティ（いかに達成）」の部分は汎用性を高くしておきます（第２章で紹介した「ジョブ・プロファイル」の例をご参照ください)。

詳細に業務を定義することは、担当者の自由度を奪うだけでなく、変革マインドを失わせ、業績向上を妨げます。また、業務内容は環境や時代によって大きく変化しますので、変化の激しい今の時代には即していません。

例えば、90年代のマーケティングはテレビや新聞などのマスメディアに重きを置いている会社が多くありましたが、2000年前後頃から一方的にメッセージを送るマスメディアから、ネットも活用したユーザーとのインタラクティブ・マーケティングにシフトしています。営業活動においても然り、面積の広い欧米では90年代からEメールやDMなどを多用した営業を行っていましたし、2000年以降はネットやSNSを活用した営業活動を行っています。

「職務記述書」を作成している会社もありますが、職務を定義づけする際は、アカウンタビリティに焦点を当て、達成すべきこととその主な領域を明確化することをおすすめします。これにより、社員は責任を全うするために創造力を働かせ、新たな活動を取り入れて業務を遂行し、目標の達成を図ります。

詳細な作業を記載すると、それに縛られる社員も出てきます。「うちの社員は決められたことしかやらない」、とか、「職務記述書に書かれていることしかやらない」という経営者やマネージャーの声を時々聞きますが、アカウンタビリティ(達成事項)の明確化により、そのような状態は軽減されます。

アカウンタビリティを基に業務目標をＳＭＡＲＴにする

欧米企業ではよく使われる「ＳＭＡＲＴゴール」というコンセプトがありますが、最近では日本企業でもこのコンセプトが使われてきています。

「Ｓ（Ｓｐｅｃｉｆｉｃ）」は、誰が聞いても同じ目標を理解できるように具体的にする、「Ｍ（Ｍｅａｓｕｒａｂｌｅ）」は、測定できる、「Ａ（Ａｃｈｉｅｖａｂｌｅ）」は、達成可能、「Ｒ（Ｒｅｌｅｖａｎｔ）」は、（使命や戦略などとの）関連性が高い、「Ｔ（Ｔｉｍｅ‐ｂｏｕｎｄ）」は、期限が明確になっているという意味です。

例えば、営業部ですと、「ビジネスの向上」では達成事項が不明ですので、例えば、「売上」なのか、割引やペイバックなどを除いた「ネット・レベニュー」なのか、費用も除いた「利益」なのかを具体的にします。そして、「測定されるものは達成される」という原則に則り、アカウンタビリティに関しては、それをどのように測定するのか、「測定方法」、また、「期限」を明示することですが重要です。「Ｒ」に関しても、職務のアカウンタビリティが企業のミッションと部門のミッションに密接に関連付けられ、重要であるということを再確認できます。

職務のアカウンタビリティをもとに、年間の業務目標を考え、それをＳＭＡＲＴ目標にすることで、社員1人ひとりが自身の達成すべきことが明確になります。第1章で、「不思議の国のアリス」のお話をしましたが、目標が明確であれば、その達成のための道筋と活動計画の作成が容易になります。

目盛りを合わせる

評価の際に問題になるのが、目盛りのすり合わせができていないことです。業績において、能力開発や行動において、どこまで達成すると、評価が、5段階評価の5なのか、4なのか、3なのか、2なのか、などを部門内で決めておき、一貫性を保つために、全マネージャーに徹底しておく必要があります。

例えば、地域営業であれば、市場トレンドにもよりますが、地域における市場の成長率を20％上回って売り上げを伸ばしたら「5」、市場成長率よりも10％上回って伸ばしたら「4」、同等であれば「3」、10％下回れば「2」という設定もあります。または、基準となる社員を設定して目盛りを設定することもできます。

難易度に応じた、また、必要な能力に応じた適正な評価軸ごとの目盛りをキチンと定め、目標設定面談の際に上司と部下の間ですり合わせをしておくと、評価の際の問題はかなり軽減できます。

社内の一貫性

目盛りのすり合わせ以外で、時々問題になるのが、社内での一貫性です。うちの部署、または、うちのチームでは5や4の評価がもらえないが、他の部署／チームではもらいやすい、という社内格差を起こしている会社を見聞きすることが時々あります。

このような状態は部門間の情報共有やコラボレーション、また、社員のエンゲージメントにも支障を起こすきっかけになりますので、部門ごとの評価結果にバラツキがないかどうか、人事が確認して、必要に応じて、再評価の要求を部門に出すことが必要です。システム的にバラツキを起こさないようにすることも可能です。

激しく変わる外部環境からストレスが年々高まっていく中、社内で是正できるストレスはドンドンなくしてほしいものです。

【秘訣27】業績管理の基本プロセスと活動を強化する

業績管理の課題

業績管理のもう1つの課題はプロセスにあります。問題は3通りあり、1つ目は先にも紹介しましたが、目標設定の行い方で、トップダウンで決めてしまうこと、更に、数値目標だけを決めて方向性や方針のすり合わせを行っていないことです。

2つ目は、上司がPDCAを回さず、目標設定の後、大してフォローアップもコーチングも行わないまま評価を行うことです。これは最近は少なくなったようですが、まだまだこういう上司がいるのです。フォローアップのきめ細かさが目標達成率を高めます。

もう1つは、フォローアップの頻度です。2021年の欧米の調査では6割の企業が年間を通しての評価を行っており、四半期ごとに行っている会社は1割未満でした。基本的には、フォローアップの頻度が多いほど達成する確率は高まります。

皆さんの会社の業績管理のプロセスにはどのような改善点が考えられますのでしょうか？

効果的な目標設定の要

自己決定理論が示すように、メンバーが自ら目標を定めることは、モチベーションやコミットメントを高めるためにも重要です。これまでの調査では、過半数の上司はメンバーに意見を求めたうえで、目標を設定しているようです。しかし、やみくもにメンバーに目標を設定させることは効果的でないことがあります。

また、枠組みで考えることも大切ですが、単に枠組みを与えても、あまり意味のないことになることもあります。例えば、バランスト・スコア・カードが1つのブームになった頃、バランスト・スコア・カード（BSC）のフレームワークで目標設定を行うところもいくつかありました。バランスト・スコアカードは、ハーバード大学のキャプラン教授の提唱で、「財務目標の視点」、財務指標を達成するためにどのような製品とサービスが必要なのかという「顧客満足の視点」、顧客満足を達成するために必要となる新たなオペレーションを決める「社内オペレーションの視点」、最後に、新たなオペレーションを回すために必要となる人と組織の能力を決める「組織能力の視点」でバランスよく組織のスコアカード（評価表）を持つことが会社の健全性を見るために重要、ということでした。

これを社員の個人目標の設定で採用している会社が出てきましたが、個々人が自身の目標をいきなり、財務的なもの、顧客満足に関するもの、オペレーションに関するもの、自己開発に関するものという4つのボックスに単に振り分ける、という誤った使い方をされているところもありました。

正しくこれを行うには、まず、全社目標をＢＳＣの作成方法に則り、作成し、それを事業部と各部門に落とし込みます。それをベースに部門内のチームに、最後に個々人で自身のゴールを作成することになりますが、これも順番が大切で、間接部門であれば、社内外の顧客の求める自分の提供するサービスを明確にする、そのための自分のオペレーション方法の変革と改善を考える、その新たなオペレーションに必要な自身の能力強化と新たな実践方法、今であれば、ＡＩやＲＰＡを活用するしくみとそれを運用する能力などもここに入ることになります。

ゴール設定の基本的なあり方は、戦略策定と同じように、きちんと環境分析をした上で行うものです。ゴール設定を4つの視点で行うことが重要です。

1つ目は「上位方針の視点」で、前記ＢＳＣのように、企業の中期経営計画にある戦略とゴール、そして、単年度計画を基にまず、事業部や部門で何を達成するのか、その達成のために、自分の属するチームで何を達成しなくてはならないのか、そして、チームゴール達成のために、自身が達成すべきことは何か、という上からの落とし込み方式で自身の達成事項と目標を考えます。

2つ目の視点は、「環境と顧客の視点」です。外部環境はどのように変わっているのか、その中で自身の社内外の顧客はどのようなニーズや期待値を自身の提供するサービスや物に対して持っているのか、それらのニーズを満たすために自身の提供するサービスや物をどのように変革や改善ができるのかを基に、上記の上位方針の視点で考えた達成事項と目標を強化修正します。

３つ目の視点は、「社内外の関係者の視点」です。情報共有やコラボレーションをする関係者は自分に対してどのようなニーズを持っているのか、または、これまでのやり方に課題を感じているのかをヒヤリングし、彼らのニーズを満たすために自分のやり方やアプローチをどのように変えるべきなのか、そして、その改善によりどのような相乗効果が出て、自身の達成目標にどのような影響が与えられるのかを考え、更に、自身の達成事項と目標を強化修正します。

４つ目の視点は「能力と経験の視点」です。新たな達成事項と目標のために必要な自身で強化すべき、または、付加すべき能力や行動、マインドセットを決め、それらの修得により、自身の目標達成にどのような影響を与えることができるのかを再考し、必要に応じて、修正します。最後に、それらをどのように身につけるのか、を決めます。これは、次年度の自己開発計画となります。

「上位方針」、「環境と顧客」、「関係者」、そして、「能力／経験」という４つの視点で、自身の達成事項と業績目標を作成することのメリットは３つあります。

１つ目は、会社の戦略をよりよく理解し、自部門と自チームの戦略と目標を理解でき、戦略と一貫性のある、または、関連性の高い自身の達成事項と目標を作成できることです。

２つ目は、目標を設定する工程で、社内外の顧客満足に結びつく重要な達成すべきこと、あるべき製品やサービス、または、そのためのアプローチや計画を考えることができることです。

３つ目は、自身の業務目標の達成に必要な能力開発の計画を自身で考え、作ることができることです。

単純にこれまで行っていることの焼き直しのような、または、経験と勘だけのゴール設定では、変化の激しい今の環境では、企業は成長できません。新幹線理論ではありませんが、社員１人ひとりが自ら考え、自走する組織の基本の１つは自分自身で正しくゴール設定を行う力です。上司が手取り足取り、または、押し付け的な目標設定をしていると社員も育たないだけでなく、会社も成長できません。是非、目標設定の在り方から見直して、自走する組織にしてください。

数値目標だけで済まさない

次のステップは、達成すべきことと目標を上司とすり合わせを行います。営業関連の部署で、数値目標だけのすり合わせを行うところもありますが、それでは達成確率は下がります。

数値目標は大事ですが、それだけでは達成のための基本的な戦略やアプローチのすり合わせができません。部門の戦略と戦術にどのように一貫性をもって個人目標を達成するのかはアクションを起こす前に合意される必要

〔図表21　目標設定の視点〕

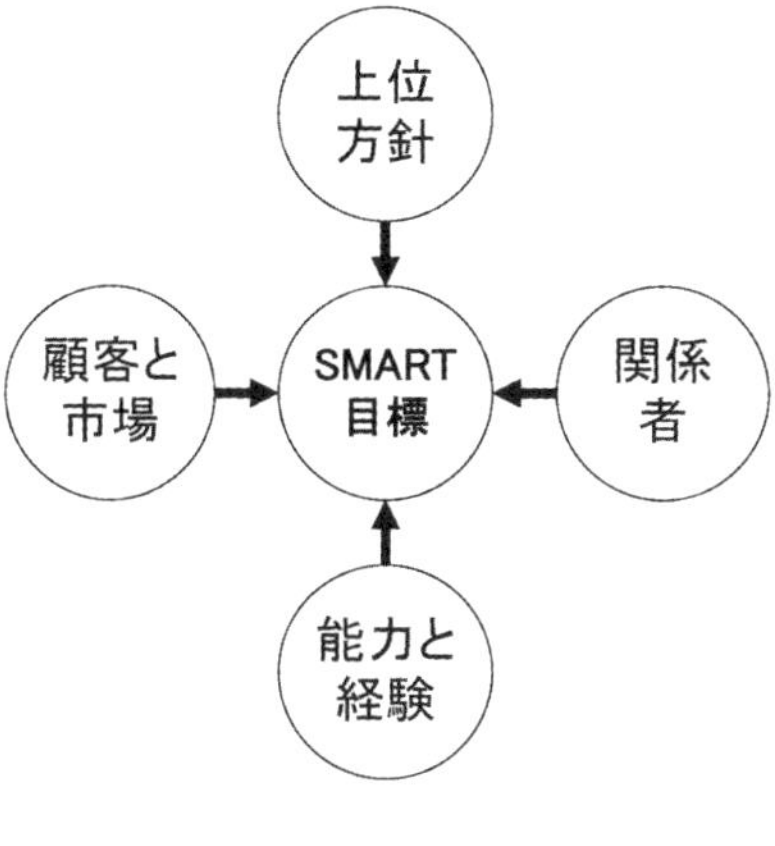

があります。

これは部門に関わらず、年間計画を部内で合意するときの必須の活動です。第1章でもお話ししましたが、前職では人事部門でも年間計画の決定の際、各チームの年間の目的、目標、戦略、指標（OGSM）を提案し、合意される、というステップがあり、これをベースに個人の年間達成事項と目標が立案され、同意されていました。このワーク・アンド・デベロップメント・プランには、業務計画と目標と共に自らの自己開発計画と目標も含まれています。

個々人のゴールが達成されれば、チーム、そして部門のゴールが達成されるべく、部門戦略と整合性のとれたメンバー1人ひとりの業務と自己開発における達成事項と目標の作成と上司とのすり合わせはたいへん重要な活動です。

業績管理の基本的なフォローアップのプロセス

目標と計画の上司とのすり合わせの後の目標の達成に向けたのフォローアップは業績管理のための不可欠な活動です。メンバー1人ひとりが自身の業務やプロジェクトを計画通りに遂行し、自ら進捗管理を行いながら、定期的に上司と進捗状況を確認することにより、メンバーの仕事も進み、成長実感を得ることができます。

このフォローアップのための業績管理の対話を定期的に行うことにより、自身のチーム目標の進捗管理ができ、かつ、部下の目標達成と能力開発の支援ができます。

上司部下の対話は目標管理と評価の目的を達成するための重要な活動となります。

業績管理の対話プロセス

第３章で米軍の訓練のたびに行う振り返り、アフター・アクション・レビュー（ＡＡＲ）をご紹介しましたが、これは業績管理のフォローアップのための上司とメンバーの対話でも活用できます。業務の進捗状況と次のステップ、と共に、能力開発の進捗状況と次のステップのどちらもフォローアップすることが大切です。

上司のコーチング型対話となりますが、メンバーのその月、または、期間のミッションを尋ねる、行動計画と実際に行った活動を聞き出す、うまくいった点と今後の改善点を確認することにより、現状と今後の強化改善策を把握することができます。もちろん、メンバーが主体的に月次ミッション、計画、

〔図表22　進捗確認対話の内容〕

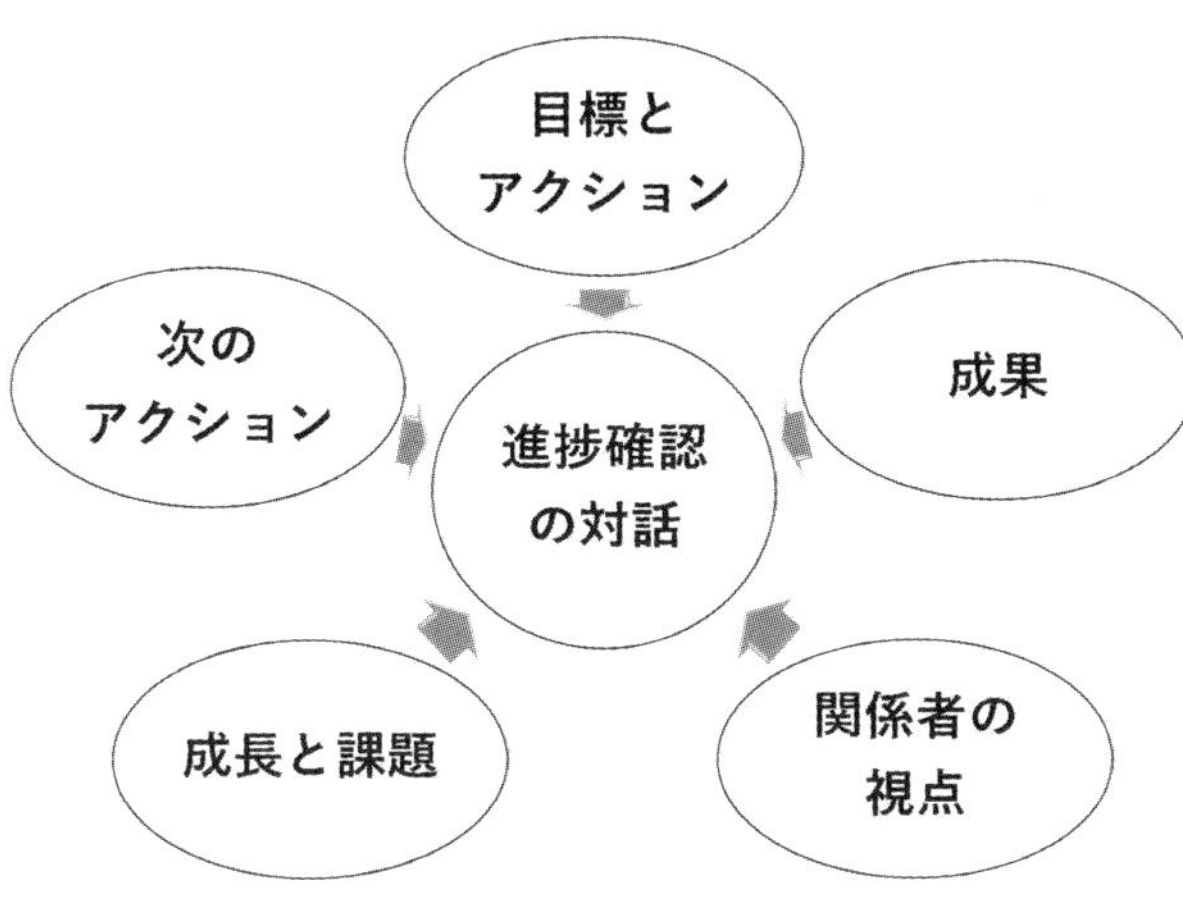

実際の活動と成果、うまくいったことと今後の計画、または、強化策を述べ、上司はその報告に対し、コーチングを行う、という形でも結構です。

AAR以外にSTARモデルをご存じかもしれませんが、これも相手の活動の全体像を把握するにはよい対話のモデルです。

Sはシチュエーション（状況）、Tはタスク（何を課せられたか）、Aはアクション（具体的に目標達成のために何を行ったか）、Rはリザルト（その結果は何だったか）です。STARRとして、Rをもう1つ加え、「結果」と共に「振り返り／今後の強化策（リフレクション）」を話すことをおすすめしています。

これも、メンバーから目標／状況、タスク、アクション、結果、そして振り返ってみてうまくいったことと今後の強化計画を報告し、上司がコーチングを行うという流れでもよいでしょう。

【秘訣28】優良欧米企業が採用している業績管理のベストプラクティス

メンバー主体

ドラッカーのセルフコントロールの原則から、メンバー主体でフォローアップ対話を進めていることが増えています。メンバーが自身の業績目標と達成事項の観点から、どういう頻度で対話を行うのか、その時々の対話の焦点をメンバーが定めて対話をしています。

メンバーが主体となることで、彼らのオーナーシップが高まり、仕事に対するエンゲージメントも高まっていくのです。もちろん、メンバーの主体性は組織のミッション達成のための自らの業績目標と達成事項を考え、決める中で高まっていくのですが、業務と自己開発の進捗管理を自ら行うことで、更に高まります。

育成に焦点を置いたフォローアップのワン・オン・ワン・ミーティング

従来はパフォーマンス・マネジメントの目的が評価やレイティング（社員のランク付け）に主眼を置いている企業が多くありましたが、２０１５年以降は、部下の成長と育成に重きを置くようにシフトしている欧米企業が、以前は強制レイティングを行っていたＧＥも含め、増えてきています。

達成事項や期待値に合わせて、上司と部下がワン・オン・ワン（個人面談）で現状の把握と今後の計画をすり合わせています。

主要業務に関して、顧客へのインパクトに関して、業務遂行における関係者との協働に関して、メンバーの能力開発に関して、様々な観点から対話が行われます。各々のトピックにおいて、具体的に行ったアクション、達成事項、うまくいっていること、考えられる強化改善点、次に取るアクションなどをすり合わせます。

上司による誘導尋問ではなく、また、アドバイス中心ではなく、両者が互いを尊重した、コーチング型対話がフォローアップ対話の基本的なアプローチとなっています。

心理的な安全性と信頼関係をベースにし、メンバーの現状と次のステップの確認を行いながら、メンバーのエンゲージメントも高めることができる対話の場です。

フォローアップのリズム

物理的に対面で行われる場合は、フォローアップの1対1の上司部下の対話は毎月1回程度の頻度で行っていましたが、在宅勤務や働く場所はメンバーが決めることのできるテレワークであれば、毎週1回を行うところが増えています。

その時々のメンバーのプロジェクトや業務活動の状況で、話の焦点を決めて対話を行うのですが、時間も5分から30分くらいで行われています。プロジェクトの状況にもよりますが、1回の対話であまり長い時間を使う必要はそれほど多くありません。進捗の早いものに関しては、多くの場合、対話の頻度を増やして、1回の対話時間を減らしています。

パフォーマンス・マネジメント・システムの自動化

紙ベースの進捗管理からシステムを活用して自動化を進めている会社が増えてきています。達成事項と目標をシステムに打ち込み、決められた頻度で進捗状況を入力していくものです。職務や達成目標によってはかなりの進捗状況がシステムを通して自動的に入力されるので、メンバーもマネージャーも適時に進捗状況を確認できるものもあります。

例えば、営業職では達成事項と目標に挙げられている、既存顧客からの収益と新規顧客からの収益、問い合わせ件数、顧客サーベイやＮＰＳ（ネット・プロモーター・スコア）などはシステムから自動的に入力され、キーアカウントごとの商談の内容と進捗などはスマートフォンやパソコンから担当者がその都度入力するので、本人もマネージャーもオンタイムで進捗現状を把握でき、今後の対策へ反映しやすくなっています。当然、対話の際にも情報共有が簡便になります。

また、企業文化の醸成に必要な行動原則に則った行動がとれているか、基本能力や専門能力が発揮できているかなどを一緒に働く関係者からフィードバックをとる際も、システムから定期的に関係者にリクエストが送られ、回答を自動的にデータとしてまとめることもできます。

普段しっかりとメンバーを見ることのできないマネージャーが感覚でメンバーの行動に対するフィードバックを行うのでなく、関係者からの意見を反映することは客観性を高めるには必要なアプローチです。

システムを活用し、データを基にしたリアルタイム・フィードバックを行うことは、迅速にアクションをとるためにたいへん効果的ですし、上司・部下の対話を有益なものにし、また、事務的な手間を省くのにも有効です。

システムを選ぶ際に重要なことは、正確性、効率的、他のシステムとの互換性、また、実装の簡便性ですのでご留意ください。システムを入れることで、メンバーの負担を増やすようでは、本末転倒です。

【秘訣29】評価面談のフローを強化する

ありがちな評価面談

期首に業績目標と達成事項を立て、定期的に業績管理のフォローアップの対話を上司と重ねる中、メンバーは目標達成の目標達成のための活動を適時に実行しているはずです。社員の格付けやレイティングを廃止すると言っても、業績目標の達成度合いを最終的に把握することは社員の強みと今後の強化策を特定するためには必要です。

レイティング（ランク付け）はしなくても、最終的なパフォーマンス状況、強みとなる行動や能力、今後の強化領域などのすり合わせをするための面談は大切です。定期的なフォローアップ・ミーティングでメンバーもパフォーマンスが高まり、モチベーションも高まっているはずです。最終の評価面談でもある意味、レコグニションを期待しているメンバーも多くいます。にもかかわらず、最終のパフォーマンス・レビュー・ミーティング（評価面談）でがっくりする、または、腑に落ちない体験をするメンバーは少なからずいるのです。

実際、マッキンゼーのグローバル調査では、大半のメンバーは上司の行う評価が適正だとは感じていない、また、ギャラップの調査では、評価面談で動機づけされる社員は2割程度、という結果も出ています。

単に評価表を渡されるだけ、または、渡されて、「来年も頑張ろう」、という励ましの言葉だけというケースもまだ起きているようです。これでは、メンバーもなぜその評価になったのか、何を変えるべきなのかも不明です。

メンバーの評価に対する納得性を高め、次の年への期待感を高められるような評価面談はメンバーの成長とエンゲージメントの強化において不可欠です。

この項では、どのような流れで対話をするかをご紹介します。

評価面談の目的

これまでも触れているように、評価面談の第１の目的は、メンバーの育成と成長です。２つ目は、メンバーの業績目標と達成事項のすり合わせ、３つ目は、メンバーのエンゲージメントとコミットメントの強化です。

ですので、評価が何であったかを伝えることは、目的ではありません。納得感の得られない評価面談では、メンバーの成長も次年度に向けた成長意欲も仕事に対するエンゲージメントも高まりません。

ギャラップ社のグローバルでのエンゲージメント調査が示すように、エンゲージメントが上がれば、生産性は上がる、エンゲージメントが下がれば、生産性も下がります。

給与は動機づけ要因ではありませんので、給与が上がっても、会社のコストは上がりますが、社員のエンゲージメントは高まりません。対話のコストはほとんどかかりませんが、エンゲージメントを高める力があります。

メンバーのエンゲージメントを高めるには、上司のマインドが大切です。メンバーをしっかり理解しよう、メンバーの成長と成功に貢献しよう、メンバーの懸念に応えよう、という心構えがなくては、メンバーも上司に対して尊重も傾聴もできません。

評価者研修を実施される企業がありますが、研修自体は重要であるものの、評価面談の流れとスキルを身につける前に、マインドセットの変革と強化が必要です。

単なる評価面談研修ではなく、上司としてのマインドと行動の強化に関するワークショップを行うことをおすすめします。

メンバー主体の流れ

「人間は自分の言ったことにコミットする」という心理学の原則にあるように、メンバーが自分で考え、話すという対話の流れをつくることが大切です。一方的に上司が、評価を伝えるのでは納得感を得ることは困難です。

つまり、質問型のコーチングのように、上司は主に質問をする、メンバーはそれに対して考えや思いを伝える形式の対話になります。本当に売れる営業は質問力が高いのですが、部下育成に長けているマネージャーも然り、高い質問力を持っています。

質問により、メンバーの考え、気持ち、情報を包括的に引き出し、メンバーにパフォーマンスを高めるアイデアを見つけさせているのです。

メンバー主体の評価面談の主な流れは、「①ポジティブな場づくり」、「②業績目標と達成事項の確認」、「③よくできた業務とその要因」、「④気にかかった業務とその要因」、「⑤自己開発」、「⑥期待値の共有」です。

対話のとっかかりの「①ポジティブな場づくり」は心理的安全性を創り出すのに重要です。日頃の努力と貢献に対する感謝やねぎらいの言葉、また、近況を尋ねるのもメンバーの心を開くのに効果的です。そして、面談の目的を共有し、すり合わせます。

本題に入る前に、今期の「②業績目標と達成事項」を確認します。基本的には優先順位に合わせて紹介してもらい、もし、各々の業務やプロジェクトに比重を置いていたのであれば、その配分も紹介してもらいます。目標と達成事項の確認により、上司もメンバーもより客観的なモードで対話に臨むことが容易になります。

先にポジティブな項目に焦点

目標と達成事項の確認ができたら、次は、「③よくできた業務とその要因」に関する対話に移ります。

基本的には、1番達成感のあった業務やプロジェクトを話してもらいます。私たちはポジティブなことやよくできたことを話すときには気持ちが前向きになり、話もドンドン進みます。よくできた業務とその要因を先に話してもらうと、メンバーの話したいモードが高まり、うまくいった要因も今後の強化点も多くを聞き出せます。

そして、結果だけを確認するのでは全貌が把握できませんので、「状況と目標」、「行ったアクション」、「結果と振り返り」を聞き出します。どういう目標と状況に対し、どのような活動を行ったのか、その結果はどうだったのか、うまくいった要因は何か、逆に、課題を感じたことは何か、強化改善点は何か、などを聞き出します。

「目標」と「アクション」だけではなく、そのときの状況の確認も大変重要です。例えば、営業で目標100に対し、結果が90で、10％減だった際、担当地域の市場が昨年対比30％落ちていたとしたら、その担当者は市場平均を上回ってビジネスをつくったことになります。逆に同じ目標100に対し、結果が110（＋10％）だった際、その市場が昨年対比＋50％であれば、その担当者は競合に比べ活動が有効でなかったことになります。

状況をきちんと聞き出すことにより、メンバーの活動の有効度合いや強化改善点も明確になります。

うまくいった業務やプロジェクトで活用したメンバーの具体的な行動や強みを特定し、更なる有効活用の機会を見つけ出すのも重要です。逆に、うまくいったプロジェクトでも更なる強化点や改善の機会を見つけ出し、その実現のための具体的な行動や能力を特定することもメンバーの成長につながります。

強化改善策の明確化

よくできた業務やプロジェクトのことを聞き出し終えれば、次は、「④気にかかった業務とその要因」に関して対話を行います。

これも同様に、「状況と目標」、「行ったアクション」、「結果と振り返り」を3点セットで聞き取りします。

うまくいかなかったプロジェクトにおいても、すべてが悪かったということはほとんどないはずです。

プロジェクトにおいて、できていないことやよくなかった行動や能力の確認だけでなく、よくできたことや強みを確認することはメンバーの行動とパフォーマンスの強化において重要です。

また、よく言われますが、パフォーマンス対話では、メンバーの態度や性格には言及せず、具体的な行動に焦点を当てて話すことが効果的です。

どういう行動がどのようなインパクトを出したのか、成果を高めるために具体的にどのような行動をとることが必要なのかをしっかりすり合わせることにより、メンバーも新たな行動をイメージでき、変化しやすくなります。

その後は、全体を通しての課題の確認と「⑤自己開発」に関する対話に移ります。自身の今期の成長はどうだったのか、今の強みと今後の更なる成長のための機会や課題は何か、を話してもらいます。

今の職務のパフォーマンスを高めるために、また、今後のキャリア開発やステップアップをどのように考えているのか、そのためにどのような能力をどのような方法で強化したいのかを聞き出し、すり合わせを行います。

これが次年度の自己開発計画になります。

評価のすり合わせ

次年度の自己開発計画が確認できれば、締めの対話、「⑥評価のすり合わせ」に移ります。

最初に行った「業績目標と達成事項の確認」、「うまくいった業務とその要因」、「気にかかった業務とその要因」、「今後の自己開発」を振り返ってもらい、メンバー自身の自己評価とその理由を尋ねます。

ここまでの対話でお互いの考えの共有とすり合わせができていれば、多くの場合、評価にずれはありません。メンバーも自身の目標と実際の活動や関係者のフィードバックを客観的に、また、より包括的に調べることができるので、より冷静に自己評価できます。

その後で、メンバーの見解に対する対する上司の確認、見解、そして、判断を述べます。普段の対話でのすり合わせができているのであれば、見解に大きな相違はないと思います。

感謝と期待感

次年度の自己開発計画が確認できれば、締めの対話、「⑦期待値の共有」に移ります。対話では、常に、最初と最後は重要です。メンバーの今後の更なる進化と貢献に対する期待感をしっかりと伝え、モチベーションを高めましょう。

業績管理と評価のプロセスはスタート地点で始まる

評価面談は期首、または、期末の業績目標と達成事項の設定の段階から始まっています。メンバーがオーナーシップを取って自ら考え、目標と達成計画を定めることが不可欠です。

ＳＭＡＲＴ目標と達成事項、優先順位、計画のすり合わせの後、定期的、また、適時な進捗管理のフォローアップ面談がメンバー主体でできていることも面談に影響を与えます。関係者からのフィードバックやパフォーマンスの状況把握のデータ、また、システムから得られる情報の活用、なども重要です。

そして、マネージャーの部下の成長に対するマインドセット、そして、普段のフィードバックとコーチング、真摯な対応はメンバーの成長とエンゲージメントを高めるためには不可欠です。マネージャーの強化はメンバー、そして、組織のパフォーマンスの強化に一番効果的です。

もし、マネージャーの力量不足をお感じでしたら、早急に強化プログラムに取り掛かってください。

4章のまとめ

秘訣23　ドラッカーの提唱した業績管理の基本に則る
秘訣24　業績管理と評価制度を失敗させる要因を取り除く
秘訣25　業績管理と評価のKPIを明確にする
秘訣26　評価基準を明確にするには
秘訣27　業績管理の基本プロセスと活動を強化する
秘訣28　優良欧米企業が採用している業績管理のベストプラクティス
秘訣29　評価面談のフローを強化する

振り返り：本章ではどのような気づきや発見があったのでしょうか？　気づきや学びから、どのような新たな活動や行動をとれるでしょうか？

第5章

社員をやる気にさせる報酬制度のつくり方の秘訣

【秘訣30】報酬制度のＫＰＩを明確にする

報酬制度の目的

人事部門のミッションは、「会社の目的を達成するために、最適な人材を確保し、人材が効果的に、かつ、効率的に活用されている状態を確実に作り出す環境を築くこと」でしたが、その達成のための報酬制度の目的はどのようなものでしょうか？

ハーツバーグの「モチベーションの２因性理論」では、給与は社員のやる気を高める「動機づけ要因」ではなく、よくなければ失望させる「衛生要因」です。給与が上がればうれしいのですが、その喜びや感激は次の月には、既得権として、消えてしまいます。業界にもよりますが、実際、近年の調査研究でも給与は会社で頑張る理由のトップ３には入っていません。

動機づけ要因でなくても報酬制度は社員にとっても、会社にとっても重要なもので、その制度づくりは慎重に行う必要があります。

報酬は「衛生要因」ですが、適正でなければ、欲しい人材も来てくれません。また、適正でなければ、社員も離職してしまいます。ということで、この制度の目的は、「欲しい人材を惹きつける、または、逃さない」、「社員のエンゲージメントとパフォーマンスの維持強化」、「優秀人材を離職させない」、という３つがあります。そして、ビジネスの観点から、予算以内で運用する必要があります。

欲しい人材を惹きつける

給与や処遇がよいことに越したことはありません。が、報酬や処遇が最重要な理由で入ってくる人はあまりいませんし、会社としては、給与の額を基本として会社を選ぶような人にはあまり入社してほしくないのではないでしょうか？

しかし、会社のミッションや企業理念に共鳴した人が、報酬の観点から難を感じ、内定を辞退するということはできる限り避けたいものです。

内定者の辞退理由で「報酬が内定辞退の理由」という人が何％いるのか、ということは１つの重要なＫＰＩとなります。これは内定辞退者の理由を採用システムからのオンライン・アンケートで簡単にチェックすることでできます。

社員のエンゲージメントとパフォーマンス

ギャラップの調査で見るように、社員のエンゲージメントは生産性とパフォーマンスに直結しています。報酬が理由で社員のエンゲージメントを下げている、そして、彼らのパフォーマンスも下げているのであれば、報酬制度に問題があります。多くの場合、社員のエンゲージメントは上司の在り方や評価制度に影響を受けていますが、稀に、報酬に問題のあることもあります。

例えば、給与レンジ、つまり、ある職務階層における最高の給与額と最低の給与額ですが、給与レンジよりも自分の給与が低ければ不満が出てきます。または、給与レンジよりも高い給与をもらっている人がいることに対しても不満を感じる人が出てきます。ということで、社員の何％が給与レンジ内に入っているか、というのも報酬制度に関する指標となります。皆さんの会社では、社員の何％が階層ごとの給与レンジに入っていますでしょうか？

社員意識調査などを行っていれば、エンゲージメントと報酬の相関関係を見ることや、自由記入で出された報酬に関する不満や課題の内容と件数である程度把握できます。継続して報酬に関する不満が出ているのであれば調査と制度の修正は必要でしょう。

優秀人材の離職

トップパフォーマーでなくても、会社に多く貢献している社員が報酬に対する不満で競合他社に移るのは避けたいものです。

社員の離職の際、離職者インタビューやサーベイを行うことが重要です。これにより、パワハラや制度不備などの不健全な離職理由を把握し、根本原因を取り除く措置を取り、将来の不要な離職者を軽減することができます。

インタビューを上司が行ったり、人事が行ったりすることがよくありますが、皆さんの会社ではいかがでしょうか？　本当に信頼関係のできている人には本音を話せるのでしょうが、そうでないと本心を聞き出すのは困難です。

対面式インタビューでは本音を話さない人もいますので、まずはオンライン・アンケートやサーベイを行い、できる限り本音を把握することが大切です。これは社内のシステムでも外部のシステムでも簡便にできることです。

予算以内に運用する

人件費は会社の予算の中でも比重の大きなものですので、適正な額で運用できなくてはいけません。

総人件費も1人当たりの人件費も会社のビジネス戦略、例えば、大幅なデジタル化と機械化で運用する戦略なのか、または、人主体でオペレーションを回すのか、などに大きく影響されますが、会社のエンプロイヤー・ブランディングや人材戦略にも左右されるものです。

ビジネス戦略と人材戦略と一貫性があり、かつ、予算以内の適正な総人件費で運用しなくてはなりません。売上高人件費率は指標の1つとなります。

【秘訣31】報酬制度の問題を取り除く

社員の理解

社員が自社の報酬制度における給与の設定方法や改定や修正などの運用方法をよく理解していないことがあります。制度が正しく認識されていないと、それに対する評価にもバラツキが出ますし、不満も出てくることがよくあります。

自社の報酬制度をよく理解していない社員は人事部が予想する以上に多くいます。自社の制度をよく理解していないにもかかわらず、「隣の芝は青く見える」ということで、「うちの給与は他社よりも劣っている」、とか、より高い給与をもらっている他業界の会社で働く同級生と比べて、「やっぱり、うちの給与は低い」という社員がいます。こういった誤解は、理解できていないが故の、「不透明なことに対する懸念」に起因することがよくあります。

認識不足や理解不足が原因で不満が生じるのは大変もったいないので、これは早急に是正すべきことです。まずは、自社の報酬制度に関する理念と戦略、または、方針、そして、報酬制度のしくみをキチンと社員に共有し、周知しましょう。

制度の透明性は社員の安心感と制度への信頼感につながります。もし、給与制度に関して社員がよく理解していないようであれば、不要な社員の愚痴や懸念を生まないためにも制度の説明を正確に行い、安心感を高めてください。

業界や競合他社との位置づけ／公平性

殆どの企業は業界や関連業界、また、地域における給与水準を調査したうえで、報酬を決めているので、これに関する問題は少ないかと思います。

報酬戦略にもよりますが、業界内で、または、地域内でとびぬけて低いというのでは、競合他社に優秀社員を引き抜かれる可能性が大きくなりますので、これは課題となります。

また、業界に関わらず、いろいろな業界の企業と欲しい社員を採り合っている場合は、業界の枠を超えて、社員獲得の競合となる会社に対して自社の報酬制度の競争力を考える必要があります。

社内での公平性

会社には1番下の層から社長まで、様々な職務の層がありますが、皆さんの組織ではレイヤー（職務の層）ごとの報酬に一貫性を設けていると思います。例えば、課長職であれば、報酬は最低いくらで最高いくらという一定のレンジがあるでしょう。

レイヤーごとの給与レンジが部門間で異なっているのであれば、社員は不満や不信感を抱きます。レイヤーごとの給与レンジがもし部門間で異なる場合は、その理由をキチンと社員が理解していなくてはなりません。

また、同僚との公平性、男女間の公平性、レイヤー間の公平性、そして、正社員と非正社員の公平性が問題となっている会社もあります。同一労働同一賃金が基本ですが、不公平感を生まない、また、是正するような制度にすることが重要です。

給与レンジの外にいる人の適正化

給与が給与レンジの上、または、下にある方への措置が必要です。給与レンジよりも低い給与をもらっている方は、あまりいないと思いますが、市場の変化により、給与レンジを上方修正した際に、給与がレンジよりも下になった方はたまにいます。こういった方は、早急にレンジ内に入るように修正する必要があります。

給与レンジの上にいる人とは、いくつかパターンがありますが、日本企業でよくあるのは長い間同じ職層で働き続け、その間、毎年、定期昇給が行われ、給与レンジの上にいる方です。そして、時々中途採用で起きる、他社からマネージャーやプロフェッショナル人材をヘッドハントした際、規定よりも高い給与で契約を結んだときなどに出てきます。レンジを超えたままでいるのは公平性に欠けますので、次の職層を目指してもらうか、数年かけて、レンジ内に戻すなどの是正措置が必要となります。

【秘訣32】報酬戦略に「トータル・リワード」のコンセプトを取り入れる

報酬戦略

従来の報酬戦略は大きく3つのパターンがあり、「競合他社よりも高い報酬戦略」、「競合他社と合わせる戦略」、そして、「競合他社よりも下に置く戦略」でした。

「高い報酬を出す戦略」は、業界や競合他社よりも高い報酬を出し、優秀人材を獲得し、維持する戦略です。業界をリードする会社はこの戦略をとることが可能でしょうが、多くの会社には困難な戦略でしょう。

「競合他社に合わせる戦略」は多くの業界で一般的な戦略で、基本的に競合と同じような額の報酬を払います。

「競合よりも低い報酬を出す戦略」ですが、意図的にそうしているというよりもどちらかと言えば、ビジネス状況で結果的にそうなってしまっている会社が多かったようです。

競合をどこに置くのか

ただし、競合をどこに置くのかで報酬の額は変わってきます。業界全体を競合とみて設定するのか、業界のトップ５社を競合とみて設定するのかでその額は大きく異なります。また、日本企業だけを競合とするのか、外資系企業も競合として捉えるのかでも、額は大きく異なります（日本では欧米系の企業の方が給与水準が高く設定されていることが一般的です）。

業界内で転職者が回っているのか、業界をまたいで転職者が動いているのか、によっても競合の捉え方が異なります。基本的にほとんどの転職が業界内で起きる業界はその業界の給与水準を把握すればよいのですが、後者の場合は、欲しい人材のいる様々な業界の給与水準を把握していなくてはなりません。

これは新卒採用でも同じで、欲しい人材が入社したい会社、業界の給与水準を参考にして初任給の額を決めることが重要です。

トータル・リワードとは

90年代までは給与単体で報酬戦略を考えるところが多かったのですが、2000年以降は「トータル・リワード」というコンセプトで戦略を考える会社が増えてきています。

トータル・リワードとは「総報酬」と訳されていますが、給与だけでなく、福利厚生、人材開発、レコグニッション（認められたり、表彰されたりすること）、また、ワーク・ライフ・バランスやウェルビーイングなど、様々な非金銭的要素が含まれます。

多くの人は給与だけで入社したい会社を選んでいません。やりがいのある仕事ができる、働きやすい環境や企業文化がある、成長できる、など様々な理由があるでしょう。

トータル・リワードには、社員に大切な複数の「エンプロイー・エクスペリエンスのタッチ・ポイント」が含まれていますが、応募者が「この環境で働きたい」、また、既存の社員が「この環境で働き続けたい」と感じさせる要素を盛り込んで会社のトータル・リワードを構築することが必要です。

トータル・リワードは、「エンプロイヤー・ブランディング」をサポートするものですので、自社のエンプロイヤー・ブランディングにマッチしていることはたいへん重要なことです。エンプロイヤー・ブランディングで「社員の成長する」とか「働きやすい」を謳っているのであれば、「人材開発」や「ワークライフ・バランス」は不可欠な要素でしょう。金銭的な給与や福利厚生に加えて、社員の成長や働き働き甲斐や働きやすさなども含めて捉えてみてください。

社員の視点から見たトータル・リワード

当然のことかもしれませんが、トータル・リワードをつくるときは、まず、社員の視点で考えます。既存の大切な社員はどのようなニーズがあるのか、どのようなことを望んでいるのか、などの情報を基に構築します。年齢、性別、家族構成、などデモグラフィクスの違いでニーズも様々だと思います。また、ライフスタイルや趣向、人生観などサイコグラフィクスの違いでもニーズは異なってきます。

今はやっている要素だから、とか、人事の視点では、といった観点からトータル・リワードの要素を選ぶと、社員から受け入れられず無駄なコストになる可能性がありますので、ご留意ください。トータル・リワードを考えるときに、行うべきことは、業界に関わらず、グローバルでどのようなトレンドがあるのか、そして、社員の課題や期待を調査することです。

重要な非金銭的要素

トータル・リワードにはいろいろな非金銭的要素が含まれていますが、「ワーク・ライフ・バランス」は中でも重要な要素となっています。ある欧米の調査では９割の社員が給与よりもワーク・ライフ・バランスが重要だと答えています。

実際、給与が下がってもワーク・ライフ・バランスのよい、働きやすい会社に転職する人は数多くいます。また、コロナ禍でかなりの転職者が出ましたが、大きな理由の１つに、在宅勤務やテレワークが可能な会社、ということが挙げられています。テレワークを行うことで、ワーク・ライフ・バランスをよりよくしたい人が多いということを証明しています（調査の上では、テレワークだけがよいという人よりもテレワークができて、かつ、必要に応じて通勤もできるほうがよいと答えた人が多くいました）。

また、テレワーク以外でも、自分の時間や家族との時間を適時に持つために、「有給休暇をしっかりとれる」とか、「働く時間に柔軟性を持たせる」を望んでいる方も数多くいます。

人材開発の重要性

会社で働き続ける理由の第3番目、「成長実感がある」ということも重要なトータル・リワードの要素です。「やりがいのある仕事ができる」ことが1番重要な働き続ける理由ですが、それがかなわない状況であっても、仕事を通して成長できるということは社員

〔図表23　トータル・リワードの考え方の例〕

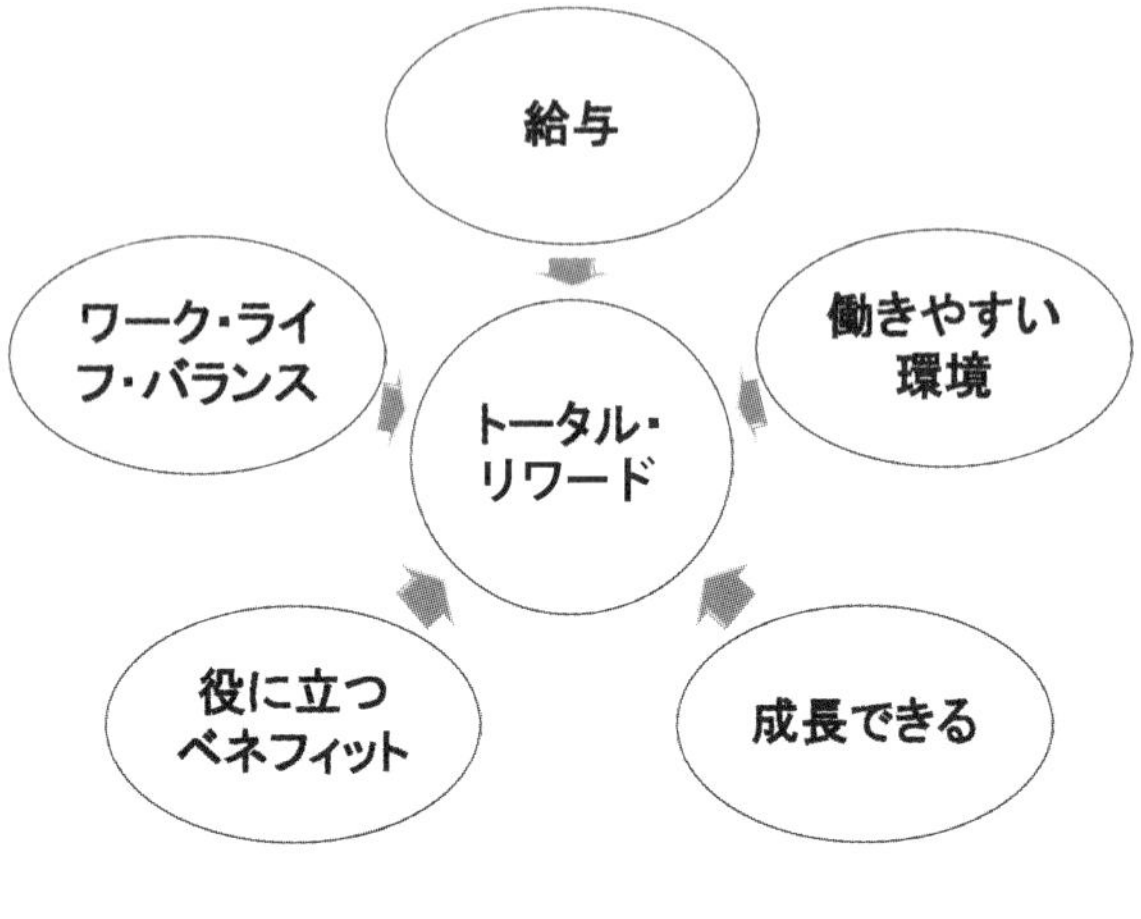

にとっては頑張り続けるためのモチベーションになります。

これは、ダニエル・ピンクの著書、「Ｄｒｉｖｅ（邦題：モチベーション３・０）」で紹介していた３つの動機づけの要素の１つ「マスタリー（習熟）」につながるものです。人材開発により、成熟度を増す、また、成熟度を増して、キャリア開発も可能になる、といった構図が描けます。

リンクトインの調査では、９割の離職者は「もっとキャリア開発を行ってくれていれば辞めなかっただろう」と答えているとのことです。この会社に入れば成長できる、と感じさせる「人材開発やキャリア開発の要素」は、ミレニアム世代（１９８１～１９９６年の間に生まれた世代）やジェネレーションＺ世代（１９９７～２０１２年頃の間に生まれた世代）に特に重要なものとなっていますので、トータル・リワードの要素としては重要度の高いものです。

【秘訣33】報酬制度の基本要因を整える

戦略的なトータル・リワード

競合他社と全く同じトータル・リワードであれば、競争力はあまり見えません。自社独自のトータル・リワードにおいて、ある程度競争力ある給与と独自性と優位性の高いその他の金銭的要素と非金銭的要素を組み合わせてみましょう。なんでも取り入れる幕の内弁当ではなく、テーマの下、ある程度絞り込んで、より戦略的なものを目指しましょう。

前述のミレニアム世代やジェネレーションZ世代に向けたワーク・ライフ・バランスの向上や成長促進も重要な要素ですが、その基盤となるのは企業文化です。企業文化はトータル・リワードの要素に入れられていないことが多いのですが、社員にとっても、エンプロイヤー・ブランディングにおいても重要な要素ですので、トータル・リワードの基盤として考慮してよいでしょう。

私の会社を選ぶ基準は、「やりたいことができること」が1番目で、次は「企業文化」で、自分の働き方や生き方に合った企業文化は必須です。前職1社目では、給与はまあまあ（業界トップ10社の中位）だったと思いますが、それよりも、自己裁量でいろんなことに挑戦できる、成長できる、そして、周りには楽しく一緒に働く仲間がいるという企業文化が大好きでした。2社目も給与はまあまあだったと思いますが、それ以上に、1社目同様、いろいろな新しい仕事を1~2年おきに体験できる、プロフェッショナルな仲間と仕事をし、成長できる、というのが本当に自分に合っていたと思います。

給与の公正・公平性

社内で同一職層において給与に関する部門間の格差がないこと、男女間の差別がない、同一労働同一賃金が守られている、などは公平性を保つための基本です。等級制度が運用されているのであれば、同一職層における格差は少ないはずですが、評価制度の運用のあり方によっては一部の部門の給与が高くなるという不公平感が出てくる可能性はあります。

外部との公平性を保つことも、優秀社員を維持するためには重要なことです。競合他社に比べて、ずば抜けて高くある必要はありませんが、ある程度の競争力を持たせることは必要でしょう。

幅のある給与レンジ

欧米の外資系でよくとられているのは新入社員から役員、社長までを数階層に分け、階層ごとに給与レンジを定め、そのレンジ内で給与を決めることです。90年代に多くの企業はブロードバンド制にシフトし、階層の数を4～6層程度に減らしています。

ブロードバンドでは職層も減らしていますので、給与レンジの幅が広くとられています。最高額と最低額の幅が広く、同じ階層でも成果が高くよい評価をもらった人とそうでない人の給与の額は大きく異なります。所謂、外資系の給与の基本原則、「ペイ・フォー・パフォーマンス（パフォーマンスに応じた給与）」が実現できます。同じ部門で成果を高く出している人とそうでない人の給与が変わらないというのは、頑張っている人の不満要因になり、モチベーションを下げることになります。

ちなみに、ビジネスや組織に貢献する度合いで評価し、報酬を出すという、「ペイ・フォー・パフォーマンス（パフォーマンスに応じた給与）」は企業にとっても、社員のモチベーションを維持するためにも当然の考え方です。これを成果主義というふうに訳し、欧米企業は、結果のみを見て、できない人を首にするという、間違った紹介がされていたのは残念です。

給与以外の要素の公平性

トータル・リワードのコンセプトを取り入れ、福利厚生やベネフィットを強化改善する際に、考慮しないといけないのが公平性です。

社員の年齢／ライフステージ、収入、性別、既婚・未婚、地域などのデモグラフィックスの相違や価値観、性格、趣向、ライフスタイル、などのサイコグラフィックスなどの違いで、提供する福利厚生やベネフィットに対するニーズが異なります。

現在は、ジェネレーションX、ジェネレーションY、ジェネレーションZなど様々な世代が混在していますので社員のニーズのバラツキは以前に比べて広がりを見せています。

ということで、会社で提供する様々なベネフィットですが、一部のデモグラフィックスやサイコグラフィックスに偏っていると、その恩恵を受けていない社員は不満に思います。託児補助やベビーシッター補助はお子さんのいる家庭には重要ですが、いない家庭には関係ありません。スポーツ・ジムのサポートは運動の好きな人には有用ですが、運動に興味のない人にはメリットはありません。すべての人に当てはまるベネフィットはそう多くはないので、提供する一連のベネフィットから社員がほぼ均等に享受できるようにラインアップを揃えておくことが重要です。

ちなみに、手当ですが、従来日本企業では一般的だった家族手当や通勤手当は多くの欧米企業ではありません。これは、社員の報酬は顧客への貢献度合いで決まるものであって、扶養家族の人数や住む場所などによって報酬が変わるべきものではないというコンセプトに基づいています。

データベース

トータル・リワード戦略をとっても、給与は重要な要素です。社外との公平性、また、競合他社との競争力は欲しい社員を惹きつける、また、優秀な社員を維持するためには大切です。

社外との公平性と競合他社との競争力を確認するためにはデータが必要です。給与に関するマーケット・データを定期的に取って自社の給与水準の市場での位置づけを確認することは、人事にとっても不可欠なことですし、社員の安心感や人事制度に対する信頼にもつながります。

なお、給与の市場データを活用する際に留意しないといけないことは、安易に役職名に紐づけしないことです。会社によって部長や課長の役割も職務要件も異なりますので、職務に求められるアカウンタビリティ（責任レベルや範囲と必要な達成事項）を確認してアップル・トゥ・アップルで同質のものと比較することが必要です。

業界全体のマーケットデータなのか、関連業界を含むのか、特定のセグメントだけなのか、または、特定の企業のデータを取るのかは、その会社の人材戦略と採用の際に競合となる会社の捉え方によって異なります。自社にあったマーケット・データをベースに自社の給与水準の見直しとアップデートを定期的に行うことにより、確信の持てる給与水準を維持できます。

ベネフィットや法定外福利厚生においても、ＳＨＲＭの調査や白書など様々なマーケットデータがありますので、定期的にマーケット・データを見直し、給与を含めたトータル・リワードのアップデートを測ることができます。

透明性

透明性は信頼感を築く基盤となります。社員が理解し、納得できるようにトータル・リワードに関して、その基本理念や戦略と制度や運用に関して、周知し、納得感を得ることが大切です。「ペイ・フォー・パフォーマンス」というコンセプトで考えるかどうかは別として、パフォーマンスの基準が不明とか、給与水準の決め方が不明などということであれば、社員としてはすっきりしないのではないでしょうか？

不透明感があったり、理解不足の状況があったりすれば、社員の間に懸念と不信感を呼び起こし、社内で不要な風評を生み出し、エンゲージメントを下げる結果になることもあります。これでは、エンプロイヤー・ブランディングを損なうことにもなりかねません。透明性を築くことです。

【秘訣34】給与制度を成功させるための基本的なフロー

給与を考える前に

人事の使命は、「組織の使命や目的を達成することを人と組織の観点から支援すること」ですので、給与制度を考えるときに、「今の組織内の職務がこれからも適正であるのか？」ということを考えることが重要です。

変化の激しいこの経済環境で、職務ありきや人ありきで発想し、その職務の必然性や効果性を考えずに、これまであるのだからと不要な役割や業務を取り除かずに給与を設定するのは将来的に無駄な作業になることがあります。これまで以上に変革の時期ですので、職務の見直しを行い、単純な反復業務は早急にデジタル化や機械化して、その職務をなくす、また、職務記述書を修正することが効果的です。

また、役職にしても部長、部長補佐、次長、課長、課長補佐、係長など、効果的で効率的な指揮系統を管理するために、このスピード重視の時代に、本当にそこまで階層が必要なのかと、見直すことも重要です。

会社のミッションを達成するための戦略を実施する際に、どのような役割と能力を持つ職務が必要になるのか、かれらはどのように協業し、目標を達成するのか、などを考えた上で、必要な職務を特定するという作業は、激変の現代において、特に必要な活動です。もちろん、これは、人事、または、経営陣主導で、全社で協働して行うことです。

私が２０１９年に英国で開催された「フューチャー・タレント・サミット（将来のタレントに関する大会）」にパネリストとして参加した際に取り上げられたテーマの１つに「２０３０年の仕事」というものがありました。２０３０年までに今ある仕事の半分はなくなる、または、機械やコンピューターにとって変えられるということ、今の小学生の６割は、今存在しない仕事をしている、ということが予測されているが、それに対して会社は何をすべきかを議論するものでした。基本策はＡＩや機械との協働をふまえた戦略と業務の再設計と社員の再教育でした。

「ジョブ型人事」に纏わる勘違い

「ジョブ型人事」という言葉が日本の人事で取り上げられていましたが、「成果主義」と同様、これも欧米では使わない言葉です。会社に適した人を採用する、適した職務に配置するという企業の考え方は、どこの国でも変わりません。

日本と米国の基本的な違いは職種別採用です。新卒者を採用しますので、欧米でも最初からプロフェッショナルな社員を採用しているわけではありません。が、多くの場合、本人の意思と希望で配置部門が決まります。個人志向の高い欧米では、日本の学生に比べ、将来、自分が何をしたいかを明確にしているという国民性の違いが出ています。

欧米では、自分の職務でプロフェッショナルになる努力をする社員が多くいます。自分のパフォーマンスを高めるためにも、評価を高めるためにも、社内で健全な競争心は芽生え、プロフェッショナル意識も高まり、自己研鑽も図ります。

また、会社も業績を高めるために、社員に専門性を高めてほしい、と願うのは日本でも当然のことだと思います。変化と競争の激しいグローバル環境でビジネスを行うのであれば、各部門にプロ人材を増やしていくことは不可欠です。

プロ人材を採用するにしても、採用した後からプロ人材を育てるにしても、自走するプロ集団には職務に求められるアカウンタビリティと要件が必要です。また、それらが不明のまま、職務階級を決めたり、階級ごとの給与を客観的に決めることは困難です。

ジョブ分析

今ある組織構造と職務から始めても、ジョブ（仕事）の分析を行っても結構ですが、せっかく分析をするのであれば、今一度、ミッションとビジネス戦略を見直して、戦略の実行に必要な業務と役割を再検討し、再構築を行うことをおすすめします。90年代から既に始めている会社も多くありますが、ミッションに直結する戦略的業務に特化し、それ以外はアウトソースかもしれません。

生産部門はかなり、機械化もデジタル化も推進されてきていますし、製品開発、マーケティング、営業でもデジタル化がかなり進んできています。また、欧米では、間接部門が簡素化とデジタル化を大幅に図っています。繰り返し行われる単純業務はコンピュータと機械にドンドン置き換えられています。

ということで、デジタル化やロボティクスの活用を念頭に、中長期的にミッション達成のために、必要な役割や部門などの組織構造の確認、そして、具体的にどの業務が必要となるのか、何を人が行うのか、何をデジタル化や機械化にするのか考えてみましょう。その結果、必要とみなされた人の行う業務に対してジョブ分析を行います。

ジョブ分析で明確にすることは、職務で求められるアカウンタビリティ（タスクと責任の範囲とレベル）、必須業務、職務遂行で必要となる能力（知識・スキル・姿勢・経験など）やレポーティング・ライン（上司／誰にレポートするか）です。

ジョブ分析の結果は「ジョブ・ディスクリプション（ＪＤ：職務記述書）」、または、「ジョブ・プロファイル」などに文書化しておきます。第2章で紹介したように、ジョブ・プロファイルやJDは業務や作業の詳細をすべて記載しなくてもアカウンタビリティが明確であれば結構です（第2章の「ディストリクト営業マネージャーの例」をご参照ください）。これから将来、業務内容はドンドン進化していきますので、アカウンタビリティと本当に長期的に必須な業務の記載にとどめておくことをおすすめします。

ジョブ評価

組織内で仕事の価値を体系的に評価します。これは会社内で組織横断的に同等の仕事はどれかを明確にし、給与体系のベースとなります。

基本的には定量的にジョブ評価を行います。ジョブ分析で確認した、アカウンタビリティにおける責任の大きさや範囲（チーム、課、部門、国、地域、グローバルなど）、管理育成責任の有無と大きさ、また職務要件（職務に求められる知識・スキル／資格・姿勢・経験）などを基に、どの職階に属するかを判断し、会社の中での職務階層が確認されます。この職階が給与体系のベースとなります。

職責の範囲は会社や組織の規模によって変わりますので、当然、グレーディングは会社や組織の規模によって、変わってきます。職種によっても異なりますが、10名の部門に責任を持つ職務と1000人の部門の責任を持つ職務にはアカウンタビリティの範囲も複雑性も異なるので、グレーディングも異なります。

ですので、今、課長が行っている職務であっても、ジョブ評価の結果、その職務が階層の下に行く、または、上に行くこともありますので、単純に今の職務の階層でジョブ評価するのではなく、職務のアカウンタビリティと要件で設定することが必要です。

給与体系

ここでは、ペイ・グレード（効果的な組織の運用に必要な階層）とペイ・レンジ（階層ごとの給与の最高額と最低率）を定めます。前述の給与のマーケット・データを基に、自社の組織全体における、部門に関わらず、各々の階層に適した給与水準、ペイ・グレードを定めます。

各階層の給与水準を決める際、選定したマーケットと給与水準がベースとなります。マーケットの平均であれば、選定した市場／企業の給与水準の平均値を、また、マーケットの中位点であれば、競合群の企業の真ん中の

〔図表 24　給与システムの設計の流れ〕

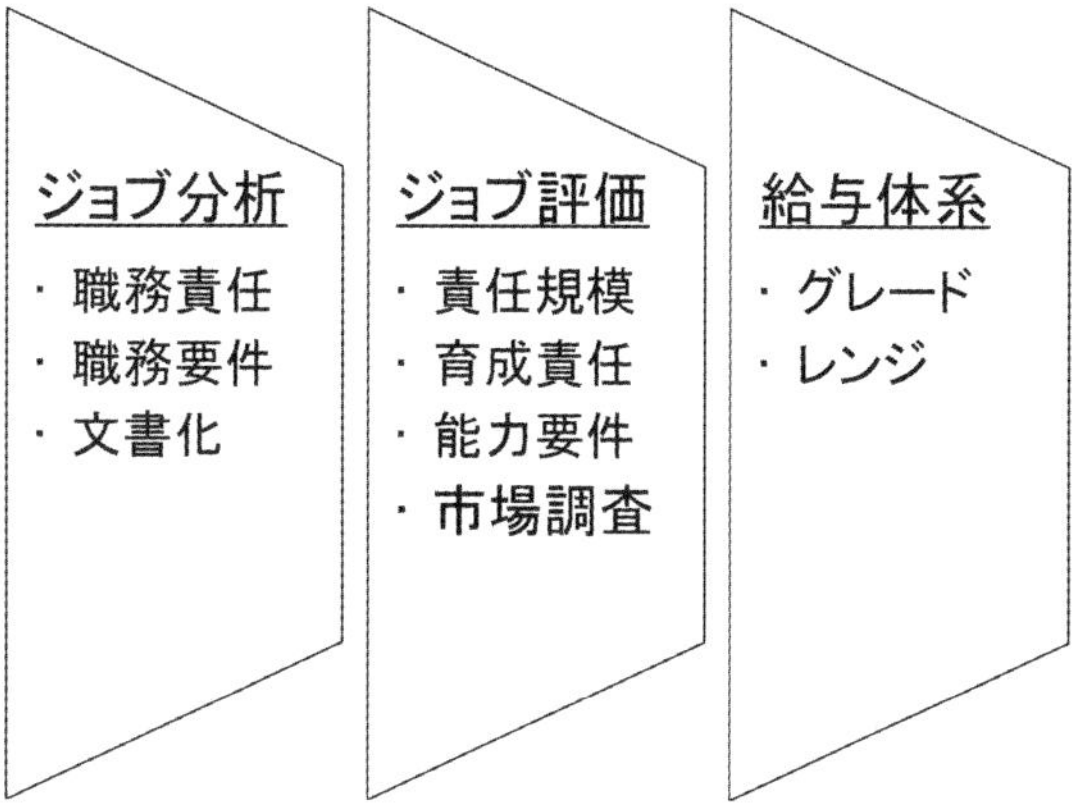

企業の給与水準に合わせます。例えば、ターゲット給与が競合5社の中位点であれば、上から3社目の会社の水準に合わせることになります。

それから各階層の給与のレンジ、つまり、階層ごとの最高額と最低額を決めます。例えば、プラスマイナス50％でレンジをつくるのであれば、選定した給与をその職務のミッドポイントとし、そこから＋50％を上限、−50％を下限に設定して、その階層の給与レンジを決めます。レンジの幅を大きく設定することにより、パフォーマンスの差による、給与の差を持たせやすくなります。

通常、各階層のレンジは上下の階層と少し重複するように設定します。これにより、成長が早く、昇進の早い人も極端に給与が上がるようになりません。

トータル・リワードとしての報酬制度を目指して

報酬制度も会社のミッションやビジョンの達成を支援する人材を惹きつけ、維持するための重要な制度です。ですので、報酬制度を金銭的な報酬としての単なる給与だけでなく、エンプロイー・エクスペリエンスの質を高める要素を含め、エンプロイヤー・ブランディングの一環として捉えることが重要です。

マズローの生理的欲求、安全欲求、そして所属の欲求を満たすために、給与は報酬制度の重要な基盤です。給与はある一定額を超えると動機付け要因となりませんが、社員をがっかりさせないための重要な衛生要因です。これを満たすために大切なことは3つ：(1)エンプロイヤー・ブランディングと一貫性を持つ報酬制度の目的／戦略とフレームワーク、（2）マーケット・データを基にした給与ストラクチャーとレンジ、そして、（3）トータル・リワードにおける給与に対する社員の納得です。多くの企業で見られることは、３番目のポイントで、社員が会社の報酬制度、その目的と戦略、そして、しくみを理解していないということです。これは社員の懸念を生む元となっています。

給与以外の重要な要素として、成長できる職場、働きやすく健康を維持できる職場環境、健全なワーク・ライフ・バランスを保てる仕事の量、役に立つベネフィットなどがありますが、各々の要素で欲しい人材を惹きつけるための重要な要素を取り入れてください。社員それぞれ、価値観、ライフ・スタイル、ライフ・ステージも異なりますので、ベネフィットに関しては、それぞれのニーズを満たせるようにバラエティを持ち、選択できるようにしておくことも重要です。

第５章のまとめ

秘訣30　報酬制度のＫＰＩを明確にする
秘訣31　報酬制度の問題を取り除く
秘訣32　報酬戦略に「トータル・リワード」のコンセプトを取り入れる
秘訣33　報酬制度の基本要因を整える
秘訣34　給与制度を成功させるための基本的なフロー

振り返り：本章ではどのような気づきや発見があったのでしょうか？　気づきや学びから、どのような新たな活動や行動をとれるでしょうか？

第6章

健康経営に繋がる、社員1人ひとりのウェルビーイングを守るしくみをつくる秘訣

【秘訣35】ウェルビーイングとは：目的とKPIを設定する

ウェルビーイングとは

ウェルビーイング（Well-being）は辞書では、「健康で幸福な状態」と定義しています。また、米国心理学会（APA）では、「肉体的も精神的にも健康であり、質のよい生活がある、幸福で満足な状態」としています。健康と幸福感がキーワードですが、健康は肉体的な健康、メンタルな健康、感情的な健康、と包括的に健康を捉えています。

会社という観点から言えば、社員が疾病なく、元気で健康に働け（肉体的健康）、業務達成に集中し（メンタルな健康）、気持ちよく仲間と協働して（感情的健康）、仕事を推進することに満足している状態（満足感・幸福感）となります。

また、社員の置かれている環境は、APAで言う「質のよい生活」ができる状態、つまり、働きやすく、働き甲斐のある職場であることも大切なポイントです。

ウェルビーイングの効果

第1章で「エンゲージメントの高い社員は生産性が高い」という、ギャラップの調査結果を紹介しましたが、ウェルビーイングは社員のエンゲージメントを高める基盤となります。

社員の「心身の健康増進を支援するための福利厚生制度」を取り入れた企業を対象にした米国での調査では、社員の「会社への満足度」、「集中力」、「考える力」が向上していました。結果として、会社全体の業績が高まり、かつ、離職率も減っていたのです。

また、米国にはウェルビーイングを向上させた企業への賞があります。そして、複数の調査で判明していることは、ウェルビーイング向上プログラムを導入し、ウェルビーイング支援に関するアワードを受賞した企業は業績の向上と共に株価も配当金も高まっていることです。

社員の心身の健康と幸福感を生み出すことで、彼らのパフォーマンスは高まり、会社の業績も伸びることは数々の調査で証明されています。是非、日本の企業でも積極的に社員のウェルビーイング向上のための施策を導入していただきたいと思いますが、皆さんの組織ではどのような取り組みをされているのでしょうか？

ウェルビーイングの目的とＫＰＩを決める

ウェルビーイング向上の目的は純粋に「社員１人ひとりの心身の健康と幸福感を高めること」です。

よく使われているＫＰＩは、「社員のネット・プロモーター・スコア（ＮＰＳ）」、「離職率／離職理由」、「エンゲージメント」、「管理者の効果性」、「企業文化」、「病欠日数」、などです。ちなみに、社員のＮＰＳは社員がどの程度会社を他の人に勧めるかを見るものですが、働きやすく、働き甲斐がある会社であれば、NPSは高くなる、という考えです。

ただし、ウェルビーイングには様々な影響を与える要因がありますので、上記の各々の項目のスコアが変化したすべての理由がウェルビーイング向上プログラムから来ているわけではないということをご留意ください。しかし、社員意識調査などを行えば、ウェルビーイングが変わった要因は大体特定できます。

社内のウェルビーイングの状況を把握する

ことを起こす前に、常にすべきことは現状調査です。先に調査をしていなければ、現在の社員のウェルビーイングの状態が不明ですし、今の会社で何が機能していて、何が機能していないのかも不明です。更に、何か改善策を行い、後から打った策の成果を確かめようにも、そのインパクトや影響要因もわかりません。

ということで、まず、全社員に対する社員意識調査や組織診断などを通して、ウェルビーイング向上に影響を与える「働きやすい職場」、「社員のネット・プロモーター・スコア（NPS）」、「エンゲージメント」、「管理者の効果性」、「企業文化」、「ワーク・ライフ・バランス」、「DE&I」、などに関する項目への評価などのスコアを確認してみましょう。

また、「離職率／離職理由」、「病欠日数」などを参考にできます。第1章でも触れましたが、いくつも調査を行うのは受ける側からすると負担になりますので、包括的に社員の認識を把握するための「社員意識調査」や「組織診断」を1つ行うことが賢明です。

また、対象者ですが、正社員だけでなく、契約社員を含む非正社員も対象に行なうことをお勧めします。そうでなければ、会社の全体像が見えませんので、包括的な対策の立案も困難になります。

問題の原因を把握する

問題解決の基本形は、根本原因を見つけ、取り除くことです。

上記の社員意識調査などの量的な調査で各々の指標から社員のウェルビーイングの度合いが分かりますのが、問題の事象に影響を与えた要因を特定するように要因分析を行いましょう。

量的調査だけでは不明な部分があれば、社員に対するフォーカス・グループ・インタビューなどを行い、社員の目を通した要因の明確化を行うことも有益です。

【秘訣36】ウェルビーイングの前にウェルネスにつながる制度を整える

ウェルネスとは

ウェルネスとは私たちの健康を指しますが、身体的な健康、また、精神的な健康に重きを置いています。健康になるために人間らしい生活を送る、人間らしい働き方をするという考え方が生まれたのは紀元前のギリシャ時代です。病気になるのはライフスタイルが1つの重要な問題ということで、ライフスタイルを改善する動きがありました。

時が経って後期産業革命での蒸気機関などの活用で工場での大量生産が開始され、科学的管理手法で組織が運営されるようになりました。１９００年代前半には、人間らしい働き方と労働者の健康を目指して米国では週６日労働から週５日労働に、そして、１日の労働時間の短縮などを行いました。

１９４０年代後半から、トップダウンで「労働者は機械の歯車」的な働き方を見直し、より人間らしい管理を、という動きが出てきました。この時代に、マズローの人間の「欲求の５段階」やハーツバーグの「２因性理論（動機づけ要因と衛生要因）」、マグレガーの「X理論」などが発表されました。人間らしい働き方を目指して、ウェルネス運動がヨーロッパを中心に起こり始めました。

近年、ウェルネス・プログラムは不要なストレスのない、健康で人間らしい生活と働き方で心身の健

〔図表25　ウェルビーイング／ウェルネスの欧米での背景〕

出来事	新たな動向	企業側の施策
1760 産業革命 －1930	大量生産、長時間労働 科学的管理	労働時間短縮 プロセス改善、適材適所
1940－ マズローらの研究 1950－ 組織開発	動機づけへの関心 参加型マネジメント	職務充実、職務拡大 HPWS → 士気向上 ウェルネス運動
1960－ 公民権運動	差別を無くす	公民権法TVII
1970－ OSHA	労働安全衛生の強化	労働安全衛生の強化
1970－ マインドフルネス	マインドフルへの関心	マインドフル・プログラム導入
1998－ 肯定心理学	幸福の重要性の再認識	組織開発プログラムへの適用
2000 エンゲージメント調査	エンゲージメント向上	エンゲージメント向上プログラム
2020 コロナ禍始まる	ソーシャルディスタンス	ウェルビーイング支援強化

康を図ろうとしています。福利厚生の中で、健康診断、禁煙プログラム、ジムの会員制度、など様々な取り組みをしていますが、まずは、健康的な働き方を推し進めるために、人事ですべきことに触れたいと思います。

適正な労働時間の推進によるワーク・ライフ・バランス

年間労働時間はバブルの１９８０年頃の年間２，２００時間労働から、１，９００時間を切るまでに下がりましたが、ドイツなどの１，６００時間に比べるとまだまだ働きすぎの感があります。

適正労働時間は放っておいても達成できないので、経営陣から残業をしなくても業務を運営できるように働き方を改善することが必要です。これは働き方と共に働く時間に関する観念を変える必要があります。

例えば、みんな夜8時まで働いているから、8時まで会社にいよう、となると8時まで何かすることを見つけて残っています。6時でみんな退社、となれば、6時までにある程度片づける新しい習慣ができるものです。毎日、午後6時にオフィスのすべてのライトが自動的に消えるようにして残業者を帰宅させることに成功した企業もあります。

そして、これまでやってきたからやっている非効率的な業務、生産性の悪い作業、複数の部門で重複して行っている業務などを取り除くことでかなりの残業は減らすことができます。私も人事部に異動してから、かなりの業務改善やプロセス変革を支援してきましたが、結果は確実に出るものです。

有給休暇

有給休暇の消化率がよくない社員の多い会社が時々ありますが、皆さんの会社ではいかがでしょうか？　適度に休みを取れないと、徐々に疲労がたまり、ある日突然倒れる社員も出てきます。健康経営を行っている会社であれば、そういうことはないのでしょうが、経営側が社員の健康や人間らしい生き方・働き方に意識を置いていないと、社員が有給休暇を消化していなくても気にはならないのです。これも経営マターでトップ主導で有給休暇を確実に取り、人間らしい健全なワーク・ライフ・バランスを保てる職場を確立するべきです。

上記の労働時間の適正化と同様、基本は各部門の長が責任をもって部門のメンバーがキチンと有給休暇を取るように働きかけることが大切です。

働き方の柔軟性：在宅勤務／テレワーク制度

コロナ禍で在宅勤務を大なり小なり取り入れた会社は多いと思います。欧米だけでなく、日本の企業の社員の多くも通勤のストレスや負荷のない、在宅勤務やテレワークを好んでいます。完全在宅勤務にすることは多くの部門で困難だと思いますが、可能であれば、在宅勤務やテレワークを取り入れることは、働き方にも柔軟性を持たせることにつながり、個人や家族のニーズも満たせるので、社員満足につながります。

例えば、夫婦とも働いていて、お子さんの体調が悪く、どちらかが出勤や出張しなくてはならないときに、もう1人が在宅勤務することにより、子供のそばにいることができるので、子供の体調への不安も軽減され、仕事をできるので、無理やり出勤して不安な気持ちで業務を行うよりも、生産性は高くなります。

同じ観点から、在宅やテレワークが職務上困難だとしても、コアタイムを取るなど、大幅なフレックス勤務を採用することも、働き方の柔軟性を高めるので、社員の個人としてのニーズを満たす機会を増やすので、満足感につながります。

在宅勤務やテレワークの制度がコロナ禍以前から採用されていた欧米の企業では、働く時間と個人の時間を分けて考えるワーク・ライフ・バランスではなく、働く時間と個人としての時間が混在して、統合されているという意味で、「ワーク・ライフ・インテグレーション（統合）」という言葉を使っていることもあります。

福利厚生／ベネフィット

健康的に生きることは人間の基盤となるニーズです。十分な睡眠、休暇や休息が取れることと共に、きれいな空気や身体に優しい椅子や机、オフィス家具など、健康的に働ける環境を社員に提供することは重要ですし、生産性の向上にもつながるものです。

身体の健康の維持、ということで、フィットネス・ジムやスポーツ施設を社内に完備するという企業もいくつかありますが、それはかなりの投資になるので多くの会社で現実的ではありませんが、外部のフィットネス・ジムなどの施設を使用できるようなベネフィットを提供している企業は増えています。

また、多くのオフィスが禁煙オフィス、または、喫煙スペースが限られたところしかないオフィスになっていますので、社員に禁煙プログラムを提供するというベネフィットを設け、社員の健康の向上と共に勤務時間の生産性向上を図っている会社も多くあります。

心身の健康の維持のために、労働安全衛生法で定められている「産業医」の設置、または、定期的に来てもらうしくみを会社として持っていますが、社員へのより身近な心身のケア、特にメンタルヘルスや様々な悩みに対する相談とケアのために、従業員支援プログラム（ＥＡＰ）を採用している企業も多くあります。厚生労働省の調べでも、５割以上の社員はストレスを感じているようです。突然不調で倒れる社員を出さないためにも、特にストレスが出やすい職場では、ＥＡＰは必要かもしれません。

守破離の守、心身の健康を守るための基本的なウェルネスを社内で確保する制度やサポートは働きやすい職場を創る基盤です。社員の心身の安全と健康の向上を支援し、健康経営を図ることは企業の存続に不可欠でしょう。

【秘訣37】ウェルビーイングの基盤を理解し、整える

健康や幸福感に影響を与える大切な要因

ハーバード大学で75年以上にもわたってある学年の卒業生に対する追跡調査がありました。彼らが何を行っているのか、どういう生活をしているのか、どういう人と関わっているのか、余暇はどのようにしているのか、など様々な角度から、彼らの周りの関係者も巻き込んで、調査を行いました。

75年以上も行ったので調査リーダーも４人変わったのですが、調査の結論として出されたのは、「卒業後75年以上生きることのできていた人たちの共通点は１つ、それは、彼らが良好な関係を持つ人たちと関わっていたこと。即ち、相手が友人であれ、伴侶であれ、良好な人間関係が長寿の秘訣」ということでした。

「笑う門には福来る」と言いますが、「笑う」ことも健康に大切な習慣です。脳科学でわかっていることは、笑顔、または、笑う表情を作ると、脳内でアドレナリンやセロトニンが出て、「私はハッピーなんだ」と感じ、ストレス・レベルを下げ、私たちはハッピー・モードになれるのです。

上記のハーバード大学の結論にあった良好な人間関係の重要性ですが、良好な人間関係だと、自然に笑顔や笑いが出てきたことだと思います。また、インドで「笑うヨガ」という健康法が流行り

ましたが、「笑う」という行為は私たちの免疫力を高めてくれるのです。笑いと免疫力の関係は様々な実験で証明されています。

「有酸素運動」も心身の健康に直結しています。散歩やジョギングなどの有酸素運動は、体の健康によいだけでなく、笑いと同様、脳でセロトニンやドーパミン、エンドルフィンなどが出され、気分が高揚し、ストレスを下げ、私たちをハッピー・モードにしてくれます。また、長期的に有酸素運動を続けることにより、免疫力の向上につながるのです。激しい運動ではなく、歩いたり、ジョギングしたりするだけで、免疫力が高まるのです。しかも、お金はかかりません。

免疫力強化に関しては、阿保徹氏が医学者として、何冊も本を出していますので、ご覧いただければと思います。

マズローの欲求の5段階

マズローの「人間の欲求の5段階」をご存じかと思います。一番下のニーズは「生理的(生存)欲求」、2番目は「安全の欲求」、3番目は、「所属の欲求／愛の欲求」、4番目は「承認の欲求」、5番目は「自己実現の欲求」となっています。皆さんの会社の社員はどの欲求のレベルまで満たされているのでしょうか？

身体的な健康は「生理的欲求」と「安全の欲求」を満たすことを必要とします。「生理的欲求」は睡眠がとれる、栄養が取れる、水分が取れる、呼吸ができる、などですが、多くの場合このレベ

〔図表26　人間の基本的欲求／ニーズ　（マズロー）〕

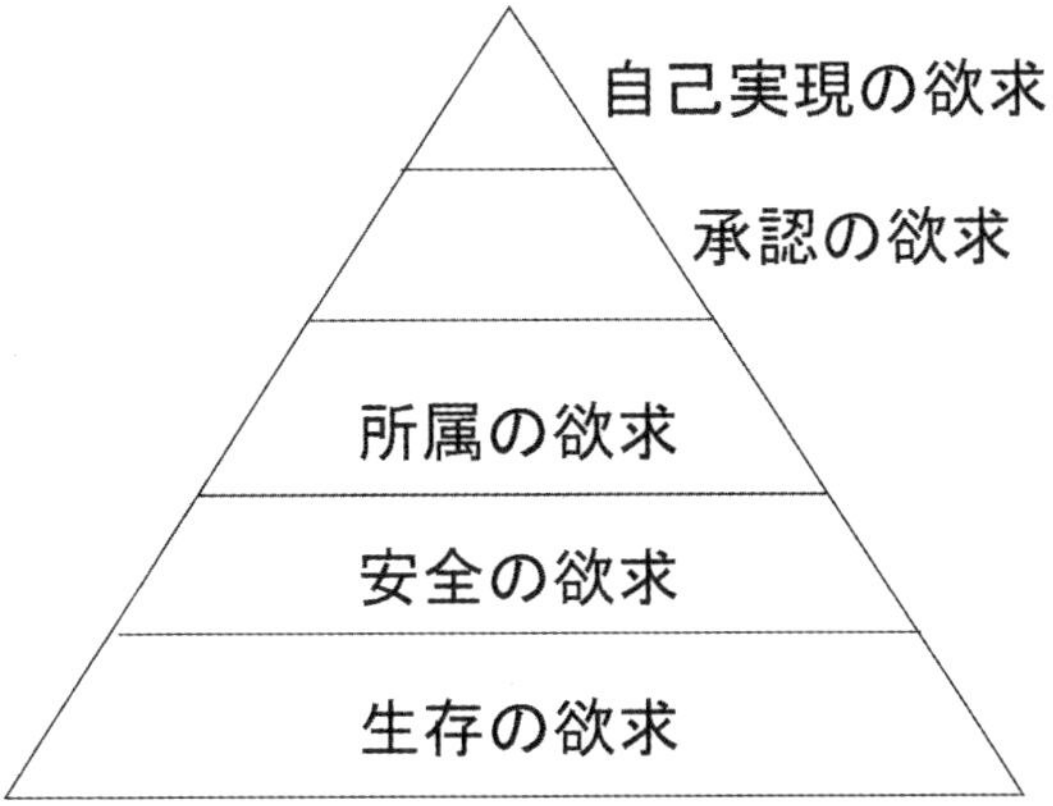

ルは大丈夫ではないでしょうか？只、ストレスで不眠症になっていたら、このレベルも怪しいことになります。

感情や精神的な健康は「安全の欲求」と「愛の欲求」を満足させることです。安全の欲求は従来、身体的な安全を指していましたが、昨今では、心理的安全性も含められています。パワハラ・セクハラなどのハラスメントがあれば、このニーズは満たされませんが、いかがでしょうか？

「愛の欲求／所属の欲求」は職場に良好な人間関係があれば満たされます。廻りの同僚や上司が尊重してくれる、傾聴してくれる、サポートしてくれる、ケアをしてくれる職場環境はどの程度できているのでしょうか？

「承認欲求」はやりがいのある仕事を任せてもらえる、認められる、成長実感がある職場が必要です。トップダウンで動いている組織ではあまりこのニーズは満たされません。「自己実現」は自分の夢が達成できたときに感じられるものですが、会社組織内ではそう頻繁には起きないかもしれません。

心身の健康と幸福感を高めるということで、まずは、働きやすい職場となるには、下の3つニーズ、「生理的欲求」、「安全の欲求」、「所属の欲求／愛の欲求」が満たされることが必要です。働き甲斐のある、エンゲージメントの高い職場となるには、「承認欲求」が満たされなくてはいけませんね。

社員の言動＝企業文化

会社内で差別がある、いじめがある、ハラスメントがあるというのは、社員がそれを行っても問題ないと認識しているからです。社員の考え方、姿勢に問題があるということは、企業文化に問題があるということです。第1章でも書きましたが、企業文化は創業者の経営理念で築かれ、その後の経営者たちが影響を与えて形成されるものです。つまり、企業文化は経営マターであり、経営者が主導で強化改善されるべきものです。

とは言いながら、経営陣の中でも、人事部門が企業文化の成熟度合いをKPIとし、その強化変革をリードしていくことが重要です。企業文化に問題があるときは、ありたい組織像とありたい人材像が明確になっていない、または、明文化されていても、全く浸透していないことが起因しています。

これは、経営にとっても、人事にとっても最重要なことですので、第1章にも書きましたが、早急に会社の価値観、行動原則の浸透を図らねばなりません。アクションが遅れれば、遅れるほど、社員のエンゲージメントもパフォーマンスも落ちていきます。

上司のあり方

企業文化は経営マターですが、チームの雰囲気やエンゲージメントは通常そこのマネージャーが一番強い影響力を持っています。マネージャーがチームのモードを高め、メンバー育成を行い、業績を伸ばしていくものです。逆に、「魚は頭から腐る」ではありませんが、チームのヘッドが良くないと、チーム・パフォーマンスに限界が出ます。

よいチーム文化を築けていないマネージャー、パフォーマンスを伸ばせないマネージャーを放っておいては、その部門全体に影響を与えていきます。ほんの小さながん細胞が人間を死に至らしめるように。

チーム力を伸ばせない人をマネージャーにするのも問題ですが、できないマネージャーを放っておくのは更にひどい問題です。正しいマネジメントとリーダーシップを実践できるように、上司によるコーチングや教育指導が必要です。場合によってはパフォーマンス・インプルーブメント・プランを作成し、マネージャーとしての成果を出すための支援が必要な場合もあります。

とは言いながら、そのようなマネージャーを放っておいたその上司にも問題がありますので、経営陣も含めて、部下育成やチーム力強化のできないマネージャーに対する対応策を決める、また、昇進の際の評価軸の見直しを行うことをおすすめします。

チームワークをつくることができていないマネージャーを改善せずに、ウェルビーイング・プログラムを行うのは、効果的ではありません。穴の開いたボートで、穴をふさがずに入ってきた水を汲みだすことと同じです。穴は塞ぎましょう。

【秘訣38】社員の自己認識を高め、新たな習慣のきっかけをつくる

セルフチェック

健康診断と同様、自分の状況を知ることは自己認識を高めるために大切です。業務中や職場に関して社員のウェルビーイングの度合いをアンケートなどで自己評価してもらい、自分の今の状況を理解してもらいます。

自分のウェルビーイング度合いがよくないことが把握できれば、その改善を実践したい気持ちが湧き、行動に移します。会社がプログラムを推薦することも大事ですが、自己決定理論にあるように、まずは、本人が現状を理解することで、実践しようと感じることが有効です。

これはウェルビーイング度合いの現状に対する自己認識を高めるために行うので、オンラインのセルフチェックで行っても、ウェルビーイングの研修の冒頭で行ってもどちらでも構いません。個々人のオンラインでのセルフチェックの結果から会社のトレンドを把握できます。

ウェルビーイングの本質を理解する

ウェルビーイングとは何か、なぜそれが大切なのか、何をすればよいのか、などに関して多くの社員はしっかりと理解していないでしょう。ですので、いきなりウェルビーイングを高めるプログラムを始める前に、理解しておくべきことを紹介し、社員自身がウェルビーイングに取り組みたいという気持ちを更に高めることで、プログラムの実践者が着実に増えていきます。

これはオンデマンドで個々人が好きなときに動画で学ぶことも可能ですが、できれば、対面でもオンラインでもけっこうですので、社内の他の仲間と参加するほうが学びが深まります。

心身の健康と幸福感を高めることが本人にとって、また、会社全体にとってどのような効果があるのかを知ることは動機づけになります。ウェルビーイング推進の習慣や活動は、私たちの心身の健康や幸福感を高めるだけではなく、次のような効果があります。

- 集中力を高める
- 思考力を高める
- ストレスを減らす
- 思いやりを高める

個々人の健康と満足感と共に生産性を高める、そして、チームの関係性と協働を高めることにより、組織全体のエンゲージメントが高まり、パフォーマンスも向上していくのです。チーム全体、組織全体でウェルビーイングに取り組むことの意義と効果が明確になれば、プログラムへの参加者は着実に増えていき、成果もドンドン高まっていきます。

ウェルビーイングの高め方を学ぶ

意義や効果がわかっても、どのようにウェルビーイングを高めるのかが明確でないと行動は起こせないので、どのようなことを実践すればよいのかを紹介することが必要です。

２０２１年から日本政府も便乗してウェルビーイングを政策の一部に取り入れ推進し始めたので、今では日本でも様々なウェルビーイングを推進する会社や団体が出てきています。やり方は様々ですし、これをやれば完璧ということはありませんので、会社に合ったものを取り入れていけばよいと思います。

ただ、あまり複雑なものを最初から取り入れるのは、導入に時間がかかり、また、長続きしないことにつながる可能性がありますので、効果が高く、かつ、社員が即取り組んでもらえるようなシンプルなものから始めてもよいでしょう。

心身の健康と幸福感を高める基本でご紹介したように、マズローの関係性や安全性などに対するニーズを満たすための行動や習慣は大事です。欧米の研究調査で判明している5つのウェルビーイングを高める簡単な習慣をご紹介します。

• 他とつながる～これは毎日、家族や同僚と対話する、質のよい会話を行うことです。単にあいさつを交わすだけでなく、相互理解を図る対話です。

- アクティブになる～散歩やジョギングなど基本的に何らかの有酸素運動を行う時間を持つことです。
- 学ぶ～仕事にかかわりがなくても学ぶという行動は私たちの脳を活性化させ、よい状態を保つことができますし、学ぶこと自体、自信と自尊心の向上につながります。
- 与える～人のために何か手助けや支援することです。思いやりや手助けという行為で脳はポジティブなモードになるのです。
- 認識する～私たちはあまり立ち止まって考えることなく、自動運転で生活しています。毎日、マインドフルになる時間を取ることで思考力が高まるのです。

これらの学びの時間の最後に行いたいことは、学びを新たな習慣としてとのように実践するかを考え、その実践にコミットしてもらうことが重要です。学びが頭の中で終わってしまうと、現場での変化と成果につながりませんので、ウェルビーイングを高めるために役立った行動を把握し、更なる強化策を考え、実践することです。

このようなウェルビーイングの高め方をオンデマンドで個々人が好きなときに動画で学ぶことも可能ですが、できれば、対面でもオンラインでもけっこうですので、社内の他の仲間と参加するほうが学びが深まりますし、一緒に参加した仲間と共に実践するという行動にもつながりますので、おすすめします。

【秘訣39】ウェルビーイング向上のための支援プログラムを取り入れる

支援プログラムを成功させるための原則

人事としましては、せっかく考えてつくったプログラムは社員みんなに使ってもらいたいと思いますが、これまでの皆さんの体験で準備した制度やプログラムへの社員の参加状況はどのようなものでしたでしょうか？　全員が喜んで活用したものもあるでしょうし、あまり意欲的に活用されなかったものもあるかもしれません。

ウェルビーイング・プログラムの導入に際して、取り入れていただきたい原則がいくつかありますのでご参考にしてみてください。

- 社員を巻き込む～制度やプログラムを開発の際、人事とプロバイダーの方との協働だけでなく、社員を巻き込み、社員の声を取り入れることは重要です。
- 現状分析をする～導入後の成果を確認するには、現状を把握することが大切です。
- 少人数のタスクフォースを組む～プログラム導入の際、人事部だけでなく、他部門からもタスクフォースのメンバーに参加してもらうことも効果的です。
- シンプルなプログラム～長続きさせるためには、誰でも毎日できるようなシンプルなものに焦点を当てることが必要です。

・進捗の共有～導入後のプログラムの状況、参加者数、参加者の声、などを定期的に社内で共有することで、社員の意識が高まって変化を起こしやすくなります。

マインドフルネス・プログラム

ウェルビーイングを高めるために、確実に入れていただきたいことが2つあります。1つ目は「マインドフルネス・プログラム」です。

マインドフルネスという言葉は日本でもよく聞かれるようになったのでご存じかもしれませんが、どのように理解されていますでしょうか？　マインドフルネス＝メディテーション（瞑想）と思われている方が時々いますが、そうではありません。

マインドフルでない状態はマインドレスで、あまり自分がやっていることに集中せず、また周りのことに対しても意識せずに自動運転している状態です。例えば、部下の相談を受けているのに、意識は明日の自分の行うプレゼンテーションのことを考えているとき、または、報告書をまとめたり、プレゼンテーションの資料をつくったりする際、やっていることに集中せずに他ごとを考えているとき、などです。この状態では効果的な対応や意思決定ができない、また、ミスをしたりしますね。マインドフルとは「今、自分自身に、そして、相手に、また、周りに何が起きているかに意識を払っていること」です。マインドフルになれば、やっていることに集中でき、正しく考えることができ、よいパフォーマンスが出せるのです。

古くはインドの僧の実践していた習慣ですが、欧米で脚光を浴びたのは1970年代の病院における活用で、手術後でも痛みのとれない、また、ストレスが続く患者に対し、マインドフルネス・プラクティスを提供し、ストレスと痛みを軽減させることに成功したことです。その後は精神患者に対して活用され、更に、ストレスを軽減するだけでなく、集中力や思考力が高まり、パフォーマンスも高まることが実証されてからは、学校教育の一環にも取り入れられるようになりました。効果は次の通りです。

- 集中力が増す
- 思考力が高まる
- 鬱やストレスが軽減される
- 思いやりが高まる

私も米国のマインドフルネス・プログラムを受講して、マインドフルネス・プログラムのファシリテーションを行う資格をとり、また、学校教育でマインドフルネス・プログラムを提供するマインドフルネス教育プログラムを終了し、リーダーシップ開発プログラムに取り入れて、リーダーの集中力とレジリエンシーの強化に活用しています。

マインドフルネス・プログラムはいろいろな欧米企業で採用されていますが、会社によって具体的な内容は異なります。基本パターンとしては、導入教育と体験（これは「ウェルビーイングの高め方を学ぶ」の項で紹介したような内容です）、その後、マインドフルネス・プラクティスを実践できる機会や場の提供、そして、マインドフルネス・プラクティスを職場で実践するしかけとしくみをつくっています。リーダー向けのプログラムやプロジェクトでの活用ということも行っている会社もよくあります。

健康増進支援プログラム

２つ目は「健康増進プログラム」です。「有酸素運動」を継続することで、自然治癒力や免疫力は高まり、病気になりにくいからだをつくることができます。

「有酸素運動をしましょう」、と言っても自ら即行動を開始する人は少ないのではないでしょうか？　そこで、とっかかりとして、体を動かすこと自体よいのですが、歩行、ジョギング、水泳、自転車など何らかの有酸素運動を行うような機会の提供です。

フィットネス・ジムの会員とならなくても、有酸素運動を高めることはできます。例えば、通勤の際、一駅手前で降りて、歩いて会社に行く、または、一駅先の駅から電車に乗る、など毎日できる簡単なことを実践してもらうことです。

実践したかどうかの確認のために、万歩計のような運動量などを測定する小さな装置を提供したり、スマホに運動の認識するアプリを入れさせたりして、社員の運動量を測るようにしている会社もあります。

あるグローバル企業では、各国の社員にチームをつくってもらい、チームごとの運動量を競い合うプログラムを実施し、社員の有酸素運動を増加させています。

ちなみに、私は、毎朝のルーティーンはジョギングです。ジョギングの最中にマインドフルネス・プラクティスも行います。20年以上続けているので、風邪をひきませんし、病気にもかかりません。また、２０２２年に対面のグローバルサミットに参加して50カ国以上の国から参加した人々と接した結果、コロナにかかったのですが、２日目の夕方に少し熱が出てだるさを感じものの、翌朝、平常にもどり無症状だったのもこの習慣のおかげだと感じた次第です。

キャリア・プランニング支援プログラム

働き方改革が進む中、社会保険の予算が足りなくなった日本政府は、英国のグラットン教授の著書、「１００年人生」のブームに乗じて、もっと長く働くことを国民に求めています（彼女の本に飛びついて反応しているのは日本政府だけじゃないかと思いますが）。

ということは、定年もそのうち65歳から70歳、75歳と延長されることでしょう。65歳になってから定年後のことを、または、次の人生設計を考えても遅すぎますので、人生全体のキャリア・プランをキチンと考えられる機会を提供することは重要ではないでしょうか？

また、「ワーク・シェアリング」を拡大して、社内だけでなく、社外の他の会社で時々働く、または、自身で考えたビジネスを行うという、「副業」や「兼業」することは厚生労働省も推進していますので、今後、副業・兼業をよしとする会社は増えてくることでしょう（まあ、政府としては国民がたくさん稼いだほうが、税収入が増えますし…）。

欧米では、２０００年以降、年代に関わらず、会社を辞めて自分で起業を起こす人がドンドン増えていますが、日本でもこの潮流が来ています。彼らのための起業家支援者も増えています。

さらに、今、若い世代はＦＩＲＥ（ファイナンシャル・インディペンデンス・リタイヤ・アーリー）に方向を変え、投資活動なども含めて小金を稼ぎ、早めに退職しようとしている方も増えています。みんながこれで成功するかどうかは別として、これも新たな生き方の1つです。

第2の人生にしても、兼業・副業にしても、ＦＩＲＥにしても、正しく自身の人生のあり方とキャリアを考える機会をつくるのは会社にとっても重要なことだと思います。これは自分らしい仕事や働き方は何か、それを実現するのにどのようなことが必要になるのか、財政的に健康（ファイナンシャル・ウェルビーイング）であるために何が必要か、などを把握していることでより長期的な社員のウェルビーイングを支援できます。

【秘訣40】ウェルビーイング向上のために社員を巻き込む

人事だけで行わない

社員に負担をかけたくないのか、すべて人事だけで考え、決定し、導入する方が時々います。これはオーナーシップを持って、自身のミッションを達成するという点では、素晴らしいことですが、肝心の社員に受け入れられない結果に終わるというリスクを背負っています。

リストラクチャリングやM＆Aなどの機密プロジェクトであれば、人事だけで行うのはよいのですが、そうではなく、社員の意見を反映したほうがよいものであれば、「支援プログラムを成功させるための原則」にあるように、「社員を巻き込む」ことが効果的です。自己決定理論の活用ですね。

支援プログラム作成・実行のながれ

「支援プログラムを成功させるための原則」にある「社員を巻き込む」、「現状分析をする」、「タスクフォースを組む」、「進捗管理」などを活用して、支援プログラムを計画し。実行します。プログラム作成から実行までのながれは基本的には次の通りです。

⑴ 社員意識調査などを活用して現状分析と共に課題の選定を行い、強化改善目標を決定
⑵ 経営陣に改善提案を行い、目標とアプローチに対して承認を得る
⑶ 必要に応じて各部門からメンバーを募集し、タスクフォースを組む
⑷ 調査結果と基本アプローチを基に具体的なプログラム作成・実行の計画を作る
⑸ 計画の導入・実行
⑹ 進捗状況の確認と管理
⑺ プログラムの効果を調査
⑻ 振り返り、プログラムの成果・学びの共有、祝福

人事の４つの視点で考え、プログラムを推進する

アルリッチ教授の人事の４つの視点でプログラムの作成と導入を考えます。「戦略的パートナー」、「変革エージェント」、「エンプロイー・チャンピョン」、「アドミのエキスパート」の視点すべてが変革の推進と成功に重要です。

「戦略的パートナー」としては、提案する改善や変革が組織と人財戦略（ウェルビーイング向上）と一貫性があることを提示し、経営陣から承認を取ります。「変革エージェント」としては新しいプログラムの導入と組織への浸透がスムーズに行われるように誘導することが必要です。「エンプロイー・チャンピョン」という視点では、調査やインタビューなどを通して従業員のニーズを的確に理解し、また、対策プログラムを考えます。そして、「アドミのエキスパート」としては人事のプロとしてプログラムの運用が効果的、かつ、効率的に進むしくみをつくります。

〔図表 27　ワーク・ライフ・バランスの改善活動の例〕

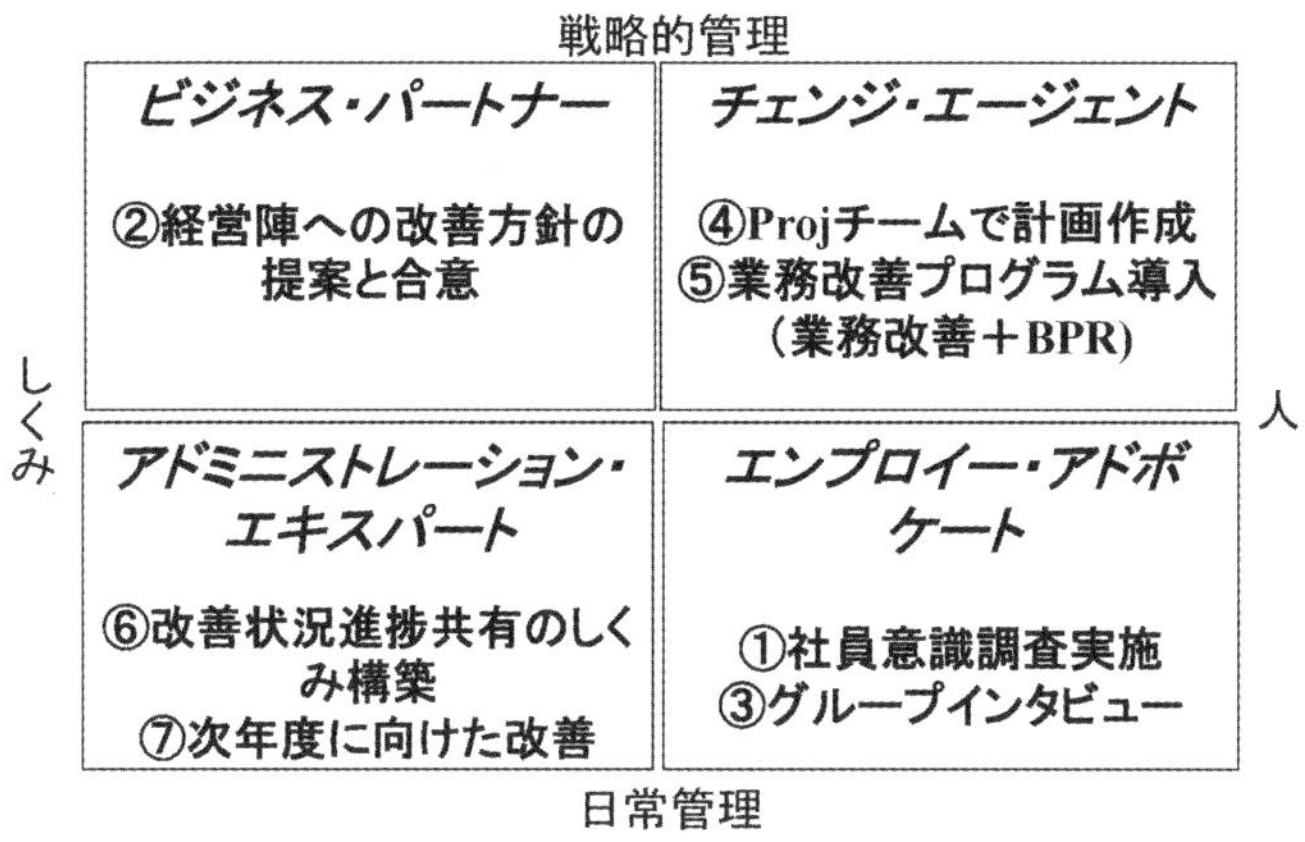

ワークライフバランス向上プログラムの例

私が前職で行ったウェルビーイング向上のためのプログラム実行の例を紹介します。社員意識調査（エンプロイー・チャンピョン）の結果、優先課題が3つ把握されましたが、その中で最重要だったのが、「ワーク・ライフ・バランス」でした。社員意識調査の結果と、人事からの組織戦略実行上の優先課題と最優先で取り組むべき課題と解決アプローチを経営会議で提案し、承認を得ました（戦略的パートナー）。

ワーク・ライフ・バランス向上チームを各部門からメンバーを募り、タスク・フォース・メンバーを結成し、より詳しい部門や階層ごとの課題をフォーカス・グループ・インタビューで把握し、改善策を作成し、新たな施策を社員の協力も得ながら導入しました（チェンジ・エージェント）。結果、重複している業務や効率性の少ない業務の撤廃や改善により残業時間が減り、ワーク・ライフ・バランスに対する社員の満足度は向上しました。プログラムが持続的に続くようなしくみ創りも行い、ワークライフバランスの課題は出なくなりました（アドミのエキスパート）。

ウェルビーイング向上のためのプログラムの作成と実行においては、基本原則とアプローチを確実に実行していただければ、成功しますので、是非、挑戦してください。

日本人材マネジメント協会で一昔前に、幹部でこれからの人事の在り方を合宿を通して討論する機会がありましたが、「働きやすく、働き甲斐のある会社を築くこと」が人事部の使命ではないか、という結論でした。働きやすく、働き甲斐のある会社はウェルビーイングの基盤です。それを最も効果的に実現できるのは、やはり、経営陣であり、マネージャーです。経営陣が、会社のミッションやビジョン、戦略にウェルビーイングの要素を取り入れ、マネージャーは働きやすく、働き甲斐のあるチームを築くことです。その基盤の下に、ウェルビーイングプログラムが機能するのです。社員着実に経営課題を見つけ出し、改善戦略や改善アプローチを作成し、成功させてください。社員の心身の健康と満足感を高めることはいろいろな観点からできます。

まずは、マズローの「安全欲求」と「生理的欲求」、そして、「愛／所属の欲求」と「承認欲求」を高めるプロジェクトを社員を巻き込んで実行できれば、ウェルビーイング向上を達成できます。

ウェルビーイングの向上は、社員の会社への愛着心にも業務へのコミットメントにもつながります。

6章のまとめ

秘訣35　ウェルビーイングとは：目的とKPIを設定する
秘訣36　ウェルビーイングの前にウェルネスにつながる制度を整える
秘訣37　ウェルビーイングの基盤を理解し、整える
秘訣38　社員の自己認識を高め、新たな習慣のきっかけをつくる
秘訣39　ウェルビーイング向上のための支援プログラムを取り入れる
秘訣40　ウェルビーイング向上のために社員を巻き込む

振り返り：本章ではどのような気づきや発見があったのでしょうか？　気づきや学びから、どのような新たな活動や行動をとれるでしょうか？

あとがき

本書をお読みいただき、誠にありがとうございます。どのような原則やアプローチが現場でご活用できますでしょうか？　実務に直結するプロジェクトや業務に関し、本書からの学びや気づきを少しでもご活用いただき、皆さんの貢献領域を広げ、貢献度合いを高めていただけましたら本望です。

会社のミッションやビジョンの達成には、ありたい企業文化を築くことが不可欠です。これはこれまでに出された「エクセレント・カンパニー」や「ビジョナリー・カンパニー」などのベストセラーの経営書に紹介されている、１００年以上の長い年月の間、成長し続けているリーディング企業を調査研究して判明している、ハイ・パフォーマンス企業の成功要因の大半は、彼らの特徴的な企業文化です。そして、その特徴の多くは、業界に関わらず、普遍的なものです。

そのようなハイ・パフォーマンス組織は環境や競合の変化、また、戦略的な失敗で途中成長の勢いを阻まれることがあっても、必ず再度リーディング企業として戻ってきます。Ｐ＆Ｇにしても、ＧＥにしても、ＩＢＭにしても、難局は幾度かありましたが、それを乗り越えてきているのは、彼らの開発力やイノベーション力だけでなく、社員一丸となって逆境や難局を撥ね返すその企業文化の強さのおかげなのです。

人事として、いや、経営側として、どんな環境でも生存でき、勝ち続けることのできる企業文化を明確にし、その文化醸成のためにどのような人事組織戦略が必要なのかを考え、実行することによりサステナブルに成長し続ける会社を築くことが企業ミッション達成のための最大の貢献なのです。

皆さんは、会社のビジョンやミッションの達成を支援するために、どのような部門のミッションを掲げているのでしょうか？　ミッション達成に向けた、部門のありたい姿と行動原則はどのようなものでしょうか？　ミッション達成とありたい姿の実現のための部門の人事・組織戦略はどのようなものでしょうか？　戦略実現に向けた具体的な戦術や活動はどのようなものでしょうか？　達成度合いと確認するための指標／ＫＰＩは何でしょうか？

成長する組織を実現するための一番効果的、かつ、効率的な戦略はマネージャー育成です。マネージャーの質が社員のエンゲージメントとパフォーマンスに最大の影響を与えます。マネージャーが会社の考えるありたい人材像を体現できていなければ、企業理念に書かれていることは絵に描いた餅なのです。優秀なマネージャーを全部門に、全レベルに、つくれば、必ず、成長し続けるチーム、そして、部門ができます。

もし、マネージャーが育っていないのであれば、それは人事だけでなく、経営の問題です。卓越なマネージャーをつくるのは部門長であり、そのうえの経営陣です。「うちのマネージャーをどうにかしてくれ」という経営者は自分の使命を果たしていないのです。リーダーの最重要な使命は組織文化を強化し、自分の後継者をつくることです。

私は、これまで様々な会社の組織変革と企業文化の強化を成功させてきましたが、成功の秘訣は経営陣の強化と変革です。もちろん、下からの変革も中間層からの変革も可能ですが、会社全体にモメンタムをもって変革を起こすのであればトップから変革するのが一番効果的、かつ、効率的です。トップからマインドと行動が変われば、マネージャーの変化は起きます。マネージャーが変われば、メンバーの言動が変わります。

変革プロジェクトを開始して1ヶ月以内に社員の言動の変化として見え始めます。変化は着実に広がり、1年後の社員の行動やパフォーマンスは大きく変わっています。マインドと言動を変えるのにそれほど時間はかからないのです。ただ、企業文化がキッチリ根付くには3年くらいはかかります。

変革に失敗する、または、頓挫するパターンがいくつかありますが、よくあるケースは、変革プロジェクトのキックオフで激変すると、トップの方々が「変革は成功だ」と思って、手綱を緩める、フォローアップを怠る、といった状況です。最初の1～2日で大きな変化は普通に起こせますが、残念ながら、それで勘違いをするリーダーは時々いるのです。上がモメンタムを止めれば、中間層の勢いがなくなります。当然、社員は戸惑い、失望しますので、次からの変革にも、懐疑心を抱き、乗ってこなくなります。

マネージャーの強化変革も大切ですが、そのためには、人事担当者も強化変革が必要です。アインシュタイン博士の「同じことをやり続けて、結果が変わることを期待するのは狂気の沙汰である」

という言葉にあるように、活動を変える、行動を変える、そして、そのために新たな人事プロとしてのマインド、スキル、知識をつけることが不可欠です。

私をマーケティングの世界から人事の世界に引き込んでくれ、全部門に影響を与え、人材と組織力の強化を通して、「ハイ・パフォーマンス組織を構築する」という楽しさを体験させてくれた上司に本当に感謝しています。人事と組織開発の専門分野に関しては、米国本社やリージョンのエキスパートから学ぶことが多かったのですが、人事プロとしての考え方やマインド、行動、そしてベンチマーキングをしながら成長し続ける、貢献し続けるという習慣を修得させていただきました。

日本の人事の方は他の国の人事に比べて自己投資をしていません。米国、英国、インド、シンガポールなど海外で開催される人事系のグローバル・カンファレンスに参加して気が付くのは、日本からの参加者がほとんどいないことです。

中国、韓国、インド、オーストラリア、ヨーロッパ、アフリカなど60か国以上の国から数多くの人事の実践者が参加し、プレゼンターや他の参加者と白熱の議論し、ネットワークし、アイデアの共有をしています。彼らの多くは学びを実践して貢献度を高めています。

今はオンラインでも参加できますので、是非、参加して、しっかりと他国の仲間とアイデアや経験を共有し、学びを現場で実践してほしいと思います。

人事関連で世界最大のSHRMはいくつかのプログラムを提供していますので、グローバル・レベルの人事をキチンと学んでいない方、人事プロとしての成果を高めたい方は、手始めに、人事資格認定機構（ＨＲＡＩ）の提供するＳＨＲＭエッセンシャルを受講することをおすすめします。日本語でも英語でも受講できます。人事プロフェッショナルの基本原則とアプローチやツールを学ぶことができ、かつ、グローバルで通用する、人事としての資格の認定書も獲得できます。私も講師をしていますので、受講されるときに一声おかけ頂ければ、特典をご提供いたします。

卓越したリーダーは学び続けます。卓越した人事プロフェッショナルも学び、成長し続けます。是非、本書での気づきや学びを現場で活用し、実践し、皆さんの組織の成長に大きく貢献されることを期待してます。

では、皆さんから朗報をお聞きするのをお待ちしています。

松井　義治

著者略歴

松井　義治（まつい　よしはる）

経営（グローバル人材開発・組織変革）コンサルタント
HPO クリエーション株式会社代表取締役。経営革新、リーダー育成、営業力強化を主要領域として、ワークショップ、ファシリテーション、コーチング、コンサルティングにより、ハイ・パフォーマンス・オーガニゼーション（HPO）の創造に貢献。
略歴：日本ヴイックス株式会社入社、マーケティング本部で医薬品や健康食品の戦略策定、商品開発、企画・宣伝・プロモーション開発から市場導入までトータル・マーケティングを担当。同社が P&G との合併 7 年後、人事統括本部に異動し、教育担当シニアマネージャーとしてグローバルリーダー育成のための「P&G 大学」の開発と導入、また、研修の内製化に貢献。台湾 P&G 人事部長、北東アジア採用・教育・組織開発部長、兼、リージョンの紙製品事業部の HRBP などを歴任。
現在、事業の傍ら、Japan HR Society (JHRS) COO、人事資格認定機構 (HRAI) 理事、テンプル大学講師として、変革リーダーシップや実践的組織変革の進め方などを啓蒙。
NLI/BCI 認定コーチ、マインドフルネス認定ファシリテーター、日本経営品質賞認定アセッサー。
北九州大学、ノースウェスト・ミズーリ大学 経営学 /MBA、ペッパーダイン大学組織変革博士。

会社を成長させる人事制度のつくり方40の秘訣

2023年 7 月21日　初版発行

著　者　松井　義治　© Yoshiharu Matsui

発行人　森　　忠順

発行所　株式会社 セルバ出版
〒 113-0034
東京都文京区湯島 1 丁目 12 番 6 号 高関ビル 5 B
☎ 03（5812）1178　　FAX 03（5812）1188
https://seluba.co.jp/

発　売　株式会社 三省堂書店／創英社
〒 101-0051
東京都千代田区神田神保町 1 丁目 1 番地
☎ 03（3291）2295　　FAX 03（3292）7687

印刷・製本　株式会社 丸井工文社

Printed in JAPAN
ISBN978-4-86367-819-4